V

©

5086

A L'ADMINISTRATION CENTRALE, RUE D'ENFER, 53

ET CHEZ TOUS LES LIBRAIRES ET MARCHANDS D'ESTAMPES

GALERIE
FLAMANDE ET HOLLANDAISE

TEXTE

PAR ARSÈNE HOUSSAYE

INSPECTEUR GÉNÉRAL DES MUSÉES IMPÉRIAUX DE PROVINCE

PROSPECTUS

Les tableaux des Peintres flamands et hollandais ont une célébrité trop notoire pour qu'il soit utile de faire ressortir le mérite de leurs œuvres. Aussi est-ce une bonne fortune pour tous ceux qui ont l'amour de l'art lorsqu'il paraît une publication dont le but est de reproduire, répandre et populariser les chefs-d'œuvre des grands maîtres.

L'un des inconvénients qui accompagnent ordinairement ces sortes de publications, c'est l'élévation souvent exagérée et presque toujours inévitable de leur prix. Comptant, à juste titre, sur un placement considérable et voulant répandre à grand nombre, dans l'intérêt de l'art, la collection importante que nous publions, nous avons réduit la valeur de nos livraisons à un prix tout à fait inusité. On pourra donc, en ne déboursant que de très-faibles sommes à la fois, se trouver possesseur d'un ouvrage ayant un mérite incontestable et qu'il n'eût été possible de se procurer, en tout autre temps, qu'en dépensant une somme trois fois plus élevée.

Les noms de REMBRANDT, TÉNIERS, VAN OSTADE, RUYSDAEL, PAUL POTTER, ALBERT DURER, WOUWERMANS, BREUGHEL, VANLOO, WYNANS, GUYP, POURBUS, VAN HUYSUM, RUBENS, HOLBEIN, METZU, WENINX, VAN EYCK, BÉGA, OTTO-VÉNIUS, GÉRARD D'OW, JORDAENS, BERGHEM, P. BRIL, HOBÉMA, ECKHOUT, SCHUT, SNEYDERS, BRACKENBURG, PERCELLIS, H. ROOS, VAN DEN VELDE, VAN DYCK, etc., etc., dont il figure des Œuvres capitales dans la collection, sont une garantie suffisante de l'importance de cette publication.

CONDITIONS DE LA SOUSCRIPTION

LA GALERIE FLAMANDE ET HOLLANDAISE contiendra 152 planches gravées, tirées sur papier de Chine, et 8 feuilles de texte in-folio. L'ouvrage sera publié en 70 livraisons

Chaque livraison contiendra 2 planches gravées, ou bien une seule planche gravée jointe à une feuille de texte.—Il paraît une livraison par semaine.

PRIX DE LA LIVRAISON : 1 FRANC 50 CENTIMES

En souscrivant à l'avance, et en envoyant le prix de 10 livraisons (15 FRANCS), on recevra ces livraisons FRANCO à domicile DANS TOUTE LA FRANCE, *sans augmentation de prix.*

Les Souscripteurs de Paris recevront les livraisons au fur et à mesure de leur mise en vente.

Les Souscripteurs des départements recevront, en un seul envoi, les livraisons parues dans le mois ; le tout parviendra *franco* par la poste et soigneusement emballé entre deux cartons. — Les premières livraisons sont en vente.

EN ENVOYANT 100 FRANCS, non-seulement on recevra *franco* toute la Collection, mais encore on aura joui ainsi d'une réduction de 5 pour cent.

Les Mandats doivent être envoyés *franco* et souscrits à l'ordre de M. JAY, caissier de l'Administration. rue d'Enfer, 53, à Paris

1857

TABLE DES GRAVURES

PARIS. — IMP. SIMON RAÇON ET COMP., RUE D'ERFURTH, 1.

GALERIE

FLAMANDE ET HOLLANDAISE

TEXTE

PAR ARSÈNE HOUSSAYE

INSPECTEUR GÉNÉRAL DES MUSÉES DE PROVINCE

PRIX DE LA LIVRAISON : 1 FRANC 50 CENTIMES

PARIS

A L'ADMINISTRATION CENTRALE, RUE D'ENFER, 35

A LA LIBRAIRIE CENTRALE, rue du Pont-de-Lodi, 5;
Chez BESTEL ET Cⁱᵉ, libraires, rue de la Bourse, 7;
— CHAPPE, éditeur, rue des Beaux-Arts, 27 et 29;
— SCHULTZ & THUILLIER, rue de Seine, 12;

Chez Hector BOSSANGE, éditeur, quai Voltaire, 25;
— MARTINON, rue de Grenelle-Saint-Honoré, 14;
— BADY, libraire, passage Vivienne, 5 et 7;
— C. REINWALD, rue des Saints-Pères, 15.

PROVINCE

LYON. . . . . chez BALLAY et CONCHON, libraires, quai de Retz;
ROUEN. . . . . — HAULARD, libraire, rue Grand-Pont, 27 et 29;

BORDEAUX.. Chez FERET fils, libraire, Fossés-de-l'Intendance, 15;
MARSEILLE. — BELLUE, libraire, rue de Paradis, 26.

ÉTRANGER

BRUXELLES. . . . . chez PERICHON, commissionnaire en Librairie;
LEIPZIG. . . . . — F. A. BROCKHAUS, libraire;
BERLIN. . . . . — F. SCHNEIDER & Cⁱᵉ, libraires;
VIENNE. . . . . — W. BRAUMULLER;

ROME. . . . . chez MERLE, libraire;
TURIN. . . . . — PIERRE MARIETTI;
VENISE ET TRIESTE. . . . — H. F. MUNSTER, libraire;
LA HAYE. . . . . — Les héritiers DOORMANS;

LONDRES. . . . . chez BARTHÈS et LOWEL, Great-Marlborough-Street, 14;
NEW-YORK. . . . . — F. W. CHRISTERN, 763, Broadway;
SAINT-PÉTERSBOURG. . . — JACQUES ISSAKOFF, libraire;
MADRID. . . . . — A L'EXPOSICION ESTRANJERA, calle Mayor, 10.

1857

Livraison

GALERIE

FLAMANDE ET HOLLANDAISE

PARIS. — TYPOGRAPHIE SIMON RAÇON ET Cⁱᵉ, RUE D'ERFURTH, 1.

GALERIE

FLAMANDE

ET HOLLANDAISE

TEXTE

PAR ARSÈNE HOUSSAYE

INSPECTEUR GÉNÉRAL DES MUSÉES DE PROVINCE

PARIS

A L'ADMINISTRATION CENTRALE, RUE D'ENFER, 55

—

1857

GALERIE DES PEINTRES
FLAMANDS ET HOLLANDAIS

I

CARACTÈRES DE L'ART FLAMAND ET HOLLANDAIS

Je ne ferai point ici une histoire des peintres flamands et hollandais. Je me contenterai d'évoquer ces physionomies originales qui s'accentuent chaque jour de plus en plus dans l'art consacré. Nous les saluerons au passage, ces vaillants artistes qui ont forcé le soleil de luire dans leurs tableaux, sinon dans leur pays, et qui ont à jamais donné au sol natal cette vie idéale sans laquelle la nature la plus féconde n'a pas le pouvoir de faire une nation. Oui, grâce à Rubens et à Rembrandt, à Van Dyck et à Ruysdaël, la Belgique et la Hollande ont eu leur siècle de Périclès, de Léon X et de Louis XIV. Aussi on dit aujourd'hui le pays de Rubens et le pays de Rembrandt, deux royautés impérissables sur les royautés tombées en poussière. Ceux qui gouvernent les hommes n'ont qu'un temps, s'ils ne s'appellent pas Alexandre, César, Charlemagne et Napoléon. Ceux qui commentent l'œuvre de Dieu vont jusqu'aux dernières limites de l'infini, qui n'a pas de limites. Que de rois oubliés entre Homère et Lamartine, entre Zeuxis et Prud'hon !

L'école flamande à son début, comme l'école hollandaise dans toute sa carrière, semble ne devoir son caractère qu'à la séve du pays. Elle se montrera d'abord avec quelques réminiscences byzantines, mais plutôt dans les fonds d'or de ses cadres que dans les figures qu'elle anime. Dès le premier âge, elle abandonne la tradition. La peinture puise dans le sol de la patrie tout le lait qui va jaillir de ses fécondes mamelles. De Van Eyck à Rubens, de Rubens à Rembrandt, que de fois les peintres des Pays-Bas ont, sans y songer, représenté cette peinture puissante et libre sous la figure d'une de ces florissantes paysannes du pays d'Anvers ou du pays de Leyde, non pas belles de l'immortelle beauté que soutiennent les anges sous un trépied d'or, mais belles de la beauté humaine et périssable, belles par la grâce que donne la force, par l'éclat que donne la santé!

L'école des Pays-Bas fut d'abord panthéiste, plus tard protestante, enfin matérialiste. Depuis l'aube jusqu'au déclin, les Flamands, les Hollandais surtout, sont plus soucieux de l'œuvre de Dieu que de Dieu lui-même, plus inquiets de la vérité que du symbole. On sent bien, à la vue des œuvres de cette école, que la plus forte réaction contre l'idéalisme a dû prendre naissance sur cette terre d'où est sorti Spinosa, cette terre qui fut le berceau et le refuge de la réforme [*].

Aristote avait dit : « L'Art est l'imitation de la nature. » Platon, qui était plus qu'un philosophe, Platon, qui avait aussi ses jours de poésie, avait écrit dans un moment d'inspiration : « L'Art est l'interprétation de la nature. » Les écoles avaient choisi tantôt l'une, tantôt l'autre définition, selon leurs aspirations vers l'idéal ou vers la réalité. L'école flamande et hollandaise, que n'avait jamais dirigée une foi aveugle, que n'avait jamais guidée une haute philosophie, que n'avaient jamais entraînée les passions fécondantes qui palpitent sous de plus beaux soleils, donna raison à Aristote; elle demeura attachée au sol avec amour, sans vouloir égarer son regard vers les lointains horizons de la Pensée et de la Poésie. Si elle contempla le ciel, ce fut moins en levant les yeux qu'en regardant les nuages au bord du lac ou sur les rivages de la mer. Pour cette école, l'Art fut donc l'imitation de la nature. En donnant raison à Aristote, elle se donna raison à elle-même, car que lui eût servi de vouloir rayonner dans les splendeurs de l'idéal? Serait-elle arrivée à la poésie comme Raphaël, au sentiment comme Albert Durer, à la philosophie et au style comme Poussin? Il y avait une victoire à remporter dans le domaine de l'Art, c'était de peindre la nature sans l'interpréter, avec toutes les richesses de la couleur, la nature familière et naïve dont un rayon de soleil est la poésie, dont la tristesse des jours d'automne est le sentiment, dont le clocher aigu « montrant du doigt le ciel, » la faux du moissonneur et le troupeau du pâtre sont toute la pensée. Cette victoire, l'école des Pays-Bas l'a remportée avec éclat [**].

---

[*] Malgré l'influence italienne, l'école flamande conservera toujours un caractère à part, dont la raison doit être principalement recherchée dans la différence des races et de l'histoire antérieure des deux peuples : il y avait en elle quelque chose de trop spontané, un génie trop original, pour qu'elle pût cesser d'être elle-même. De là vint qu'en cédant ainsi au mouvement général qui emportait l'humanité hors des voies qu'elle avait suivies pendant le moyen âge, elle ne remonta point, comme l'Italie, vers l'antiquité, elle ne substitua point l'idéal grec à l'idéal chrétien. De celui-ci, sans intermédiaire, elle tomba graduellement dans la simple imitation de la nature.

LAMENNAIS.

[**] Chateaubriand ne donne pas raison à l'école flamande et hollandaise; il ne veut pas que l'Art soit une imitation de la nature. « Quand les hommes imitent la nature, leurs copies sont toujours petites. Il n'en est pas ainsi de la nature, quand elle a l'air d'imiter les travaux des hommes en leur offrant en effet des modèles. C'est alors qu'elle jette des ponts des sommets d'une montagne aux sommets d'une autre montagne, suspend des chemins dans les nues, répand des fleuves pour canaux, sculpte des monts pour colonnes, et pour bassins creuse des mers. » Ceci est dit en prose, mais on sent trop que c'est un poète qui parle. Cependant il y a dans ce passage une leçon à recueillir : il faut imiter la nature comme elle a l'air d'imiter les hommes.

Les premiers entre tous les peintres de l'ère moderne, les Flamands et les Hollandais ont eu l'œil simple dont parle Lavater, le grand physionomiste. « Œil simple, qui vois les objets tels qu'ils sont, à qui rien n'échappe et qui n'y ajoutes rien, combien je t'aime! Tu es la sagesse même. » Tout en s'éloignant du ciel par la pensée, on peut dire qu'ils se sont rapprochés de Dieu par l'œil SIMPLE; ils ont reproduit la nature, l'œuvre du divin Maître, avec une fervente et pieuse fidélité.

La Néerlande n'a trouvé que dans l'atelier du peintre ses poëtes et ses historiens. Je ne parle pas d'Érasme, qui est un homme de tous les pays. La poésie ne peut pas naître dans une contrée qui vogue sur l'eau sans connaître les joies de la nature, là où la vigne n'étend pas ses pampres lascifs, là où la Muse du printemps ne se montre que tout effarouchée, entre une giboulée et un ciel brumeux.

Dans les Pays-Bas, la peinture a donc été presque toute l'histoire et toute la poésie. A Bruxelles, à Anvers, à la Haye, à Amsterdam, il n'y a point de bibliothèque d'œuvres nationales; il y a un musée, où mieux que dans les plus graves historiens, mieux que dans les plus grands poëtes, on peut étudier l'histoire de la Néerlande, ses mœurs, ses fêtes, ses costumes, ses beaux jours et ses mauvais jours, ses habitudes et ses croyances, son ciel et ses eaux, ses bourgmestres et ses soldats, ses princes et son peuple, ses paysages et ses monuments, tout son caractère intime et pittoresque. Quand on a cette poésie-là, ne peut-on pas se passer de l'autre? Rembrandt ne vaut-il pas Molière et Ruysdaël la Fontaine?

Dans les musées de la Hollande, l'histoire est écrite de point en point : la Hollande sur mer, la Hollande sur terre, la synagogue, la taverne, l'intérieur du forgeron, l'intérieur du bourgmestre, les joies de la kermesse, les effrois de la tempête, les bœufs au bord du canal, les matelots sur le vaisseau, les grands seigneurs, les charlatans, les soldats empanachés, les mendiants qui secouent leurs guenilles, toute la Hollande est là, vivante, animée, épanouie.

Mais les vrais poëtes de la Hollande sont surtout les paysagistes; on les lit au coin du feu, avec un charme inépuisable, durant huit à dix mois de l'année, durant cet hiver sans fin qui voile la nature du Nord sous un manteau de frimas. On se console des mauvais jours avec un Berghem et un Ruysdaël; on a le printemps éternel sous les yeux ; avec eux, le soleil luit toujours, la prairie est verdoyante, les bois sont mystérieux, le ciel a des horizons empourprés, la nature tout entière est éloquente. A Amsterdam, autrefois, quand un vieux marin se trouvait assez riche pour acheter une maison de campagne, il flottait indécis entre un paysage de maître et une villa rustique. S'il avait le bonheur de tomber sur un Ruysdaël, sur quelque chute d'eau bruyante à l'ombre des chênes, avec une prairie sur le premier plan, avec un lointain poétiquement nuagé, où l'on découvrait quelques bouquets de bois dorés d'un rayon d'automne, la joie du marin était sans bornes; il accrochait le paysage au-dessus de sa table, il s'y promenait quatre heures par jour, comme il s'était promené sur mer, c'est-à-dire sans faire un pas. On décrirait mal tout son bonheur intime : ce paysage était à lui dans toute son étendue; à lui le rayon de soleil si doux en Hollande, à lui ces beaux arbres vivants et agités, ces eaux impatientes, ces vaches sur la prairie; à lui toutes ces richesses que l'art a encadrées avec tant de bonheur.

Le paysage nous vient des Flandres, du moins le paysage qui reproduit la nature mot à mot[*]. En Italie, c'est l'inspiration qui a fait les chefs-d'œuvre; en Allemagne et en France, c'est aussi l'inspiration, mais surtout la pensée; en Flandre et en Hollande, c'est la nature.

On s'étonne d'abord à l'idée que ces beaux paysages nous soient venus d'une contrée où le soleil se montre à peine, où le blé n'a jamais balancé que des tiges étiolées; triste pays sans moissons et sans vendanges; éternelle prairie baignée dans l'eau, non pas encadrée de ces haies en fleurs où chante le gai bouvreuil, mais traversée partout, là par le ruisseau, ici par le canal, plus loin par la mer elle-même. Cependant on arrive peu à peu à comprendre pourquoi le paysage nous est venu si beau, si franc, si poétique, de cette contrée où la nature n'a le plus souvent que des mamelles stériles. En Hollande, un jour de beau temps est un jour de joie. Quand par hasard, au-dessus de Harlem ou de la Haye, le soleil, déchirant la nue, répand sa douce lumière sur les toits, sur les eaux et sur les prairies, il semble que des nuages se dissipent en même temps sur le cœur du Hollandais; il respire, il ouvre sa fenêtre si longtemps fermée, il salue le soleil, il court en pleine campagne, s'enivrant des rayons, des brises, des parfums de la nature en fête. Au lieu d'un vieux marin, d'un marchand de la cité, d'un juif qui compte son or, supposez que le rayon qui vient de réveiller la ville assoupie frappe tout à coup un jeune cœur ardent à la vie, poëte comme on l'est à vingt ans, épris des splendeurs de la nature : le premier il s'élance dans la campagne comme un voyageur altéré qui trouve l'oasis; la campagne lui apparaît alors sous des couleurs vives et charmantes. La veille encore elle était glacée, elle manquait d'accent et de lumière; des tons blafards l'enveloppaient d'un linceul : ce n'était point la mort; peut-être était-ce plus triste, car ce n'était point la vie. Aujourd'hui la Nature est une jeune femme qui descend toute fraîche et toute vermeille d'une couche brûlante; son sein se gonfle, sa bouche s'entr'ouvre, la vie et l'amour éclatent en elle. Le Hollandais, s'il est artiste ou s'il est amoureux, ne se contente point, tout enthousiasmé de cette métamorphose, d'admirer la Nature; il l'aime, il lui parle, il l'écoute; la Nature a mille voix pour lui répondre; il ne la quitte qu'à la nuit, après avoir vu les dernières splendeurs du couchant. Le lendemain il s'éveille et court à sa fenêtre; mais tout a fui comme un rêve; le soleil, le ciel pur, l'horizon radieux. Le souvenir d'un beau jour, l'espérance d'un jour pareil, en faut-il davantage pour faire un poëte comme Théocrite ou un paysagiste comme Ruysdaël?

Mais en Hollande il n'y a ni pâtres ni bergers, la poésie ne court pas les champs effeuillant bluets ou primevères, l'amour ne rit qu'au coin du feu. Au milieu du silence éternel de ce paysage qui ne s'anime que par hasard, que dira le poëte? Répétera-t-il les beuglements du taureau et

---

[*] D'après ce qui nous reste des anciens, il est hors de doute que c'est à la peinture moderne qu'est dû le paysage. La traduction, l'imitation, l'interprétation de la nature nous appartiennent, non pas comme un héritage, mais comme une science découverte par nous-mêmes. Homère et Théocrite n'ont pas eu la joie de saluer un Poussin, un Paul Potter, un Claude Lorrain, un Ruysdaël.

Les Grecs peignaient quelquefois des paysages, mais des paysages de fantaisie, qu'on pourrait appeler des fictions de la nature.

les mugissements de la génisse? Quelque riche que soit sa langue, il manquera toujours de couleur pour rendre tout le caractère du tableau qu'il a sous les yeux. Ce n'est donc point un poëte, mais un peintre, qui va se révéler. En Hollande, où il n'y a ni monuments, ni ruines, ni enthousiasme religieux, la poésie ne trouverait pas ce qu'elle cherche. En Hollande, il faut se contenter de peindre la Nature telle qu'elle est, telle que Dieu l'anime, telle qu'elle apparaît aux yeux du peintre. Seulement, quand le peintre s'appelle Ruysdaël, il y met son âme. Est-il une églogue de Virgile qui soit plus poétique qu'un paysage de Ruysdaël? La poésie est partout, parce que le grand artiste la porte avec lui.

Les Flandres n'ont pas eu seulement des paysagistes pour leur littérature nationale. Quel historien et quel théologien que Jean Van Eyck! Avons-nous de plus aimables romanciers que Terburg, Ostade, Metzu, Téniers? Quel philosophe profond, quel mystérieux penseur que Rembrandt! Quel rêveur que Breughel de Velours, avec ses paradis bleuâtres! Quel fantaisiste que Breughel d'Enfer, avec ses créations si sombres dans leur folie! Quel poëte épique Anvers avait dans Rubens! Quel historien dans Van Dyck! Quel poëte comique dans Brauwer! Mais chaque ville des Flandres était une capitale pour le génie.

L'art flamand et hollandais, quoique toujours dominé par le sentiment du naturalisme (si on peut marier ces deux mots), a traversé diverses périodes, empruntant tour à tour son caractère à Van Eyck, Rubens et Rembrandt. Mais on peut dire que la vérité a toujours été la muse de chaque atelier.

A Gand et bientôt à Bruges, c'est Dieu que l'Art veut glorifier; mais déjà, à l'école des Van Eyck, l'Art est amoureux de l'œuvre de Dieu. Ce n'est plus seulement pour les chrétiens agenouillés dans l'ombre des sanctuaires qu'il va représenter les pages sublimes de l'Évangile, c'est aussi pour la joie des yeux, les yeux qui sont panthéistes, même quand l'âme est chrétienne. Il demande à la couleur tout ce qu'elle peut donner de vie et d'éclat. Comme aux temps antiques, le sculpteur s'est épris de sa statue; il ne se contente pas de la faire vivre de la vie idéale, il veut lui donner la vie qui agite son cœur. L'Art est descendu un peu des hauteurs de l'Idéal, mais il s'est presque relevé par la Vérité. Tout en demeurant religieux, le regard levé au ciel, il sent qu'il est bien de ce monde. Dans ses fonds d'or, Wilhelm avait détaché les célestes figures de tout souvenir terrestre; Jean Van Eyck place Dieu sur la terre. Dans les tableaux que peignait Wilhelm avec l'accent byzantin dans le cadre en ogive, le Dieu des chrétiens ne descendait pas de son trône d'azur; dans les tableaux de Van Eyck, Dieu conserve toute sa sereine majesté, mais déjà près de lui on voit poindre la nature : là-bas le coteau verdoie, les arbres s'élèvent, timides encore, mais tout à l'heure ils cacheront le ciel. Dans Dieu lui-même on voit percer l'homme. Les vieux maîtres flamands se sont trop rappelé ces paroles bibliques : « Dieu créa l'homme à son image. » Or, chez eux, l'homme cachera bientôt Dieu comme les arbres du paysage cachent déjà le ciel. La vie matérielle éclatera sur la vie immatérielle, les fraîches couleurs de la santé vont éteindre les rayonnements de l'âme. C'est l'éternelle histoire dont Pan ferme d'une main la première page, qui est Dieu, quand de l'autre il ouvre la dernière, qui est la nature.

Les Van Eyck ramènent donc l'Art à un accent plus humain que céleste. L'idéal, qu'ils ont vu de trop loin, ils le tempèrent par le réel; ils ne suivent pas l'exemple des anciens, qui prenaient la grandeur, la beauté, la grâce, dans le monde universel. Ils représentent un sentiment par une seule figure. En vain Hemling qui souffrit, Hemling dont l'âme put s'élever plus haut par la douleur, ranima le style allemand : il ne fit pas école. Il dépassa les maîtres de Cologne par l'austérité de la touche et l'élévation du sentiment; mais, malgré l'exemple donné par cet homme de génie, la peinture flamande ne voulut pas subir le joug adorable de la grâce immatérielle. Le Dieu de Hemling nous saisit et nous transporte. C'est le Dieu de ceux qui ont aimé, de ceux qui ont souffert. Mais, Hemling mort, c'est l'école des Van Eyck qui triomphe encore. Plus tard, sous Rubens, Van Dyck, Rembrandt, c'est l'homme qui domine, mais l'homme doué de toute l'intelligence divine et humaine, c'est l'œuvre de Dieu après Dieu. Plus tard encore, comme l'Art, entraîné par le Naturalisme, tend toujours à descendre, il ne représente plus que l'homme des mœurs privées, celui qui va boire au cabaret ou qui fume au coin de son feu. Voilà Hals, Brauwer, Metzu, Ostade, Téniers, Terburg, Steen, qui peignent la créature humaine dans toute sa vérité naïve, se contentant d'imiter et ne songeant pas à interpréter. Maintenant c'est la Nature qui va régner en souveraine maîtresse. La voyez-vous qui palpite sous les mains de Paul Potter et de Ruysdaël? L'homme lui-même va disparaître. Dès les premiers jours de l'école flamande, la Nature s'était montrée timide et recueillie, mais attrayante déjà. Après avoir fleuri sous les mains patientes et amoureuses de Jean Van Eyck, Breughel, Everdingen, Paul Potter, Berghem, Ruysdaël, Hobbema, comme elle s'est épuisée à toutes ces richesses, elle n'a plus rien à donner, ou plutôt nul d'entre ses enfants ne trouve la force de se suspendre à ses mamelles toujours fécondes. Qui oserait traduire encore ces poëmes et ces églogues, après tant de chefs-d'œuvre immortels? Cependant, comme les paysagistes ont voulu peindre la Nature dans ses effets, dans ses contrastes, dans ses aspects variés, ils ont négligé quelque détail qui pourrait tenter le génie à ses derniers jours. Van Huysum va venir, qui mettra la Nature dans un vase de fleurs. Ces fleurs sont des merveilles; il ne leur manque que le parfum, comme aux portraits de Van Dyck et de Rembrandt la parole. Tout ce que Dieu a prodigué d'éclat et de délicatesse, de couleur et de charme dans un bouquet, Van Huysum le rend sans l'affaiblir. C'est encore la Nature, mais à sa dernière expression. Ici gît l'art flamand et hollandais, qui a commencé, avec Van Eyck, par peindre Dieu dans sa gloire plus terrestre que céleste, qui a ensuite, avec Rembrandt et Ruysdaël, reproduit avec éclat l'œuvre de Dieu, qui a fini, avec Van Huysum, par représenter Dieu dans une tulipe.

II

LES MAITRES PRIMITIFS

VAN EYCK. — HEMLING. — QUENTIN METSYS

Quand on songe que les grâces de l'antique étaient voilées aux Van Eyck, quand on étudie la candeur inappréciable de leur pinceau, quand on se rappelle leur imagination si vive en ce pays de Flandre, où jusqu'alors l'Art avait à peine secoué ses langes, où la Poésie n'était jamais passée et ne devait jamais passer, si ce n'est pour accompagner sa sœur la Peinture, on aime et on salue ces naïfs et studieux artistes, même en oubliant qu'ils ont découvert le secret de la peinture à l'huile, qui nous permettra d'admirer toujours dans leur éternelle fraîcheur Corrége et Rubens.

Jean Van Eyck parcourut avec une force égale le cycle de l'Art plastique sans jamais oublier que la flamme intérieure doit brûler dans le vase aux puissantes ou délicates sculptures. Il fut tour à tour portraitiste et paysagiste, l'apôtre de l'austère réalisme et du poétique symbole, le peintre ambitieux qui s'égare au paradis de l'Idéal, et le copiste naïf qui reproduit avec la candeur d'un pinceau primitif la scène d'intérieur, le tableau de famille animé d'un rayon biblique. On peut dire qu'avant Rubens Jean Van Eyck fut l'homme des Flandres. Comme Homère, c'est un historien, un poëte, un théologien; il raconte, il invente, il est inspiré. Il commente et explique la Bible, la fleur de vie immortelle s'épanouit sur sa palette comme sur la lyre d'or du rapsode grec.

Il y a un mot qui peint fidèlement Jean Van Eyck, un mot qui semble écrit sur tous les tableaux, même sur ceux qui chantent la gloire des vierges et des anges, même sur ceux où l'inspiration divine a conduit son naïf et ingénu pinceau, ce mot, c'est PANTHÉISME. Il a aimé la nature avec une foi candide; et la nature, comme une amante touchée au cœur, s'est donnée à lui dans tout son attrait luxuriant. Elle lui a révélé ses mystères féconds : elle lui a chanté son cantique des cantiques par les voix de ses forêts et de ses buissons, de ses montagnes et de ses vallées, de ses torrents et de ses fontaines. Elle a pleuré sur son sein par les yeux de l'aubé amoureuse, elle a rayonné de joie dans l'éclat du soleil, elle a emporté ses rêves dans les nuits étoilées. Sous les pieds de son amant, elle a répandu l'herbe touffue, émaillée de marguerites et de primevères, quand elle baisait son front pensif par les lèvres des brises odorantes. C'est pour lui, toujours pour lui, que cette âme de la terre se montrait en grains d'or sur la gerbe bénie, en grains de pourpre sur le cep opulent. Ils se sont aimés d'un amour infini, ils se sont confondus dans la même joie sous le sourire de Dieu, avec Dieu lui-même.

Pendant que le naturalisme menaçait d'envahir, à sa naissance, l'art en Flandre et en Hollande, un homme de génie, Hans Hemling, vint protester par un culte fervent pour l'expression, par un profond sentiment de l'idéal. Quel était son maître ? Dans quel poétique et sublime atelier avait-il appris la science du style et du sentiment ? Était-il le dernier et le plus intelligent disciple des maîtres de Cologne, ou bien avait-il, dans ses voyages en Italie, saisi les inspirations de Verrocchio et de Pérugin ? On ignore comment il devint un homme de génie. Savait-il lui-même qu'il était un grand peintre inspiré ? On s'inquiéta si peu de son génie pendant longtemps, qu'aujourd'hui on ne sait où saluer son berceau. L'Allemagne et la Flandre se disputent l'honneur d'être sa mère patrie. Ce qui est hors de doute, c'est qu'en 1478 un soldat blessé, qui avait couru le monde et les aventures, vint demander un refuge à l'hôpital de Saint-Jean, à Bruges. Quoiqu'à peine âgé de trente-trois ans, comme il avait traversé une jeunesse orageuse, il était si abattu et si ravagé par le chagrin, que les sœurs de l'hospice voulurent toutes le secourir et le veiller. Le soldat blessé, c'était un grand artiste inconnu, comme presque tous l'étaient au quinzième siècle. Il s'appelait Hans Hemling, du moins c'est le nom qui demeure attaché à son œuvre. Il était venu à l'hôpital en demandant un lit pour mourir ; autour de ce lit il trouva une si exquise charité, qu'il reprit du cœur à la vie. Selon les légendes, lui qui avait jusque-là aimé des filles de cabaret et de corps de garde, il s'éprit d'une chaste, austère et divine passion pour une des jeunes religieuses qu'il avait vues prier au pied de son lit. L'homme de talent, car sans doute il avait appris à peindre dès sa jeunesse, devint un homme de génie ; le cœur guida la main, le sentiment rayonna sur la palette.

Quand il eut la force de reprendre son pinceau, il peignit avec une ferveur ardente quelques sujets religieux pour l'hôpital où il avait retrouvé la vie, où il avait, on peut le dire, retrouvé son cœur. La tradition dit qu'il paya ainsi, en monnaie d'artiste, la touchante sollicitude des sœurs de Saint-Jean. Sans doute, il vécut quelques années encore ; cependant on n'a plus de date certaine après 1480, peut-être 1485. Son tombeau est perdu comme son berceau ; il a passé sur la terre comme un doux rayon, sans laisser d'autres traces que les fleurs de génie écloses sur sa palette. Mais qu'importe l'église où reposent ses os, puisque nous pouvons l'aimer éternellement dans ses chefs-d'œuvre ? Il a d'ailleurs laissé son portrait dans l'*Adoration des Mages* : c'est un malade de l'hospice, penché à une lucarne derrière le roi nègre, on le reconnaît à sa robe. Il porte une petite barbe et une épaisse chevelure. Cette tête vous frappe par sa douceur mélancolique et sa naïve intelligence. On peut y découvrir l'histoire d'une vie trop agitée. En étudiant l'œuvre de Hemling, on peut aussi pénétrer dans sa vie ; il s'est peint quelquefois avec la barrette rouge et la longue robe des Florentins. Ses paysages représentent ou rappellent les bords du

Rhin; il est donc permis de croire qu'il étudia tour à tour les maîtres de Cologne et les maîtres d'Italie.

Selon Van Mander et Houbraeken, Hemling possédait peut-être son talent, mais n'était qu'un pauvre soldat et non un glorieux artiste, quand il alla frapper aux portes de l'hôpital. Dès qu'on le vit à l'œuvre, on reconnut un grand peintre. « On publia cette découverte, on obtint son congé. » En ces derniers temps, on a beaucoup écrit sur Hemling, on a longuement disserté sur son œuvre, mais on n'a pu rien dire de certain sur sa vie. J'aime à me représenter un enfant né pauvre, insouciant, vagabond. Comme Dieu l'a doué d'un vif rayon de poésie, il ne peut se plier comme les autres aux habitudes de la vie matérielle. Il ne prend point racine dans son pays; il court le monde, à la recherche d'une étoile qui scintille pour lui. Dans son enfance, il a entendu vanter le talent des frères Van Eyck; le hasard l'a conduit à Cologne; et, à la pensée des frères Van Eyck, au spectacle des tableaux de Wilhelm, il a poussé le cri révélateur du Corrége. Sans doute, à Cologne, à la source même du génie allemand, il a trouvé un peu de place et un peu de pain dans un atelier. La guerre l'a surpris le pinceau à la main. Cœur ardent, esprit généreux, il a déposé son pinceau pour prendre le mousquet; il a offert sa vie à son pays. Dans le rude métier des armes, il a oublié peu à peu qu'il était né peintre; il a vécu comme ses camarades de camp, peut-être comme autrefois ses camarades d'atelier; il a jeté son cœur à toutes les folles et dévorantes passions, jusqu'au jour où, fatigué de tout, même de la vie, il est allé demander à l'hôpital de Bruges un lit pour mourir. Mais, à peine à l'abri du passé dans ce sacré refuge, il s'est senti renaître, comme dans une atmosphère douce, sereine et pieuse. Il a voulu vivre, vivre encore, mais désormais de la vie contemplative des âmes poétiques. A ces lèvres dévorées par les mauvaises passions, il manquait la goutte d'eau vive du sentiment divin. Dans l'hôpital, un Christ en bois grossièrement sculpté veille sur les malades et les aguerrit dans leurs souffrances, en leur ouvrant par son regard les perspectives d'azur. Hemling est touché par la sublime résignation de celui qui fut couronné d'épines; un nuage épais se déchire à son horizon et lui laisse entrevoir les joies bénies du ciel. Ce n'est pas tout : parmi les sœurs de l'hospice que la charité chrétienne attire au lit des malades, il en est une plus tendrement dévouée que les autres; quand Hemling souffre, elle ne dort pas et lève au ciel ses grands yeux, doux comme la pervenche. Le peintre est frappé de cette angélique figure, qui semble détachée comme par un miracle des fonds d'or du maître de Cologne. Hemling ne sait plus s'il doit adorer Dieu dans l'image du Christ ou dans celle de la religieuse. Dès qu'il a repris un peu de force, il demande des crayons, une palette, des pinceaux; et le secret qu'il a si longtemps cherché, le secret de rendre visible la majesté de Dieu et la beauté idéale de l'homme, il le découvre comme par une soudaine révélation.

Il y eut, dans cette régénérescence d'Hemling, quelques apparences de miracle, du moins pour les religieux et les religieuses de l'hospice. Les tableaux qu'il y a peints y sont encore, malgré les royales tentatives faites pour échanger ces chefs-d'œuvre contre de l'or ou des priviléges. L'hospice garde fièrement et saintement ce que lui a donné l'humble soldat blessé, comme il garderait la robe du Christ ou les cheveux de Madeleine. Pour l'hôpital de Saint-Jean, Hemling n'est pas seulement un grand peintre, c'est un saint personnage, doué en son temps de l'esprit de Dieu. L'hôpital de Saint-Jean, à Bruges, est donc un musée pour les voyageurs; c'est là qu'il faut pénétrer le profond sentiment du soldat-artiste.

Hemling devint savant par la révélation. Les formes symboliques lui étaient devenues familières; original dans ses compositions, il ne déparait cependant jamais ses tableaux par un effet bizarre, tant son style, quel que fût le sujet, conservait de grandeur sereine. En s'élevant plus haut que lui par la grâce, Corrége a-t-il atteint à la suavité d'Hemling? Si on voulait le peindre en un mot, il faudrait dire qu'il fut naïvement sublime.

La muse d'Hemling, c'est une vierge attristée, pàlie par les combats de l'âme, frêle et inclinée comme le roseau. Sa vie est tout idéale; elle a le pied sur la rive, mais son âme vogue sur les mers inconnues. Cette Mignon avant la lettre dit assez que la terre n'est pas sa patrie; sa bouche est entr'ouverte comme pour chanter l'hymne des anges, ses yeux sont limpides comme la rosée sur la pervenche.

La Bible était familière à Lucas de Leyde, il ne l'ouvrait qu'avec respect; il en a exprimé la plus robuste poésie. L'Évangile aussi était son livre sacré, la source vive de son inspiration : aussi a-t-il répandu dans ses œuvres un sentiment religieusement humain. Il y a dans ses tableaux et dans ses gravures un souffle de vie venu du ciel après avoir traversé le paradis terrestre, le pays de Jacob et Jérusalem. Il avait réuni dans ses Vierges tout ce qu'il avait vu d'amour naïf dans les yeux de sa mère, de sa femme et de sa fille. Sa touche était vive et légère, quoique très-étudiée, son dessin net et ferme comme celui d'un graveur. Il peignait le nu en homme qui a sérieusement étudié la nature. Ses femmes sont d'une grande délicatesse de pinceau et d'une remarquable fraîcheur de coloris. Comme les peintres de son temps, comme l'harmonieux Hemling lui-même, il ignorait l'art de fondre les figures avec les fonds; ses carnations, toutes belles qu'elles soient, tranchent trop vivement, surtout du côté de la lumière. Mais faut-il descendre à de tels détails en étudiant un homme de génie?

Si Lucas de Leyde a emprunté aux Eyck leur couleur empourprée, il a su lui donner un aspect nouveau par la douceur idéale des nuances. Il doit aux Van Eyck l'opulence de ses ornements, mais il se détache de l'école de Bruges, tout en demeurant fidèle à sa naïveté suave, par la finesse des contours, par une grâce attrayante, par une volupté de touche digne de l'antique. Avait-il deviné l'antique ou l'avait-il étudié dans les livres? On pourrait répondre oui et non : oui, puisqu'il vivait à Leyde, la ville des érudits; non, puisque le génie lui vint comme par une grâce divine. Celui qui savait peindre à dix ans ne devait-il pas deviner Praxitèle et Zeuxis dans les rayonnements de sa jeunesse studieuse?

Lucas de Leyde s'est plusieurs fois peint et gravé lui-même. Le portrait le plus connu le représente à mi-corps, sans barbe, un bonnet sur la tête, comme Hubert Van Eyck, avec des espèces d'ailerons. Il tient sur sa poitrine une tête de mort qui contraste singulièrement avec son grand air de jeunesse. Lucas de Leyde était un philosophe qui voyait la mort dans la vie et qui voulait immortaliser sa pensée par un symbole. Ou peut-être pressentait-il que la mort viendrait à sa rencontre en la saison des blés quand la grappe altière écarte déjà la feuille pour rire au soleil, au lieu de l'attendre sur l'âpre chemin aux premiers givres de novembre?

Le chancelier d'Angleterre Thomas Morus adressa une épître en vers latins à Quentin Metsys, le forgeron d'Anvers, le premier peintre de génie qui fut salué dans cette ville. Metsys naquit vers 1450; jusqu'à vingt ans il exerça le sain et robuste métier de forgeron; il était né pauvre; son père, mort jeune, avait légué le fils à la mère et la mère au fils. La mère donna d'abord son lait, son travail et ses larmes, le fils voulut donner sa force et son courage de chaque jour. Fier de sa mission, heureux de se reposer le soir à l'humble foyer de sa mère reconnaissante, il ne demandait à Dieu que la santé, cette poésie éclatante de l'ouvrier, quand il devint amoureux d'une jeune fille du voisinage, dont la beauté fut comme une apparition de son génie. Il tenta de lui inspirer sa passion : « C'est mon plus cher espoir, mais mon père me destine à un peintre. » Metsys ne comprit pas bien : « Un peintre, pourquoi ne serais-je pas peintre? » Déjà il était artiste en martelant le fer sur l'enclume retentissante : c'était au temps où il exécutait la fameuse cage du puits de la place Notre-Dame, où il enlaça si heureusement des branches épanouies de feuilles et recouvertes de fruits, dont il surmonta la coupole du géant Druon, le tyran des navigateurs. Il avait commencé depuis quelques jours un dais d'autel pour Louvain ; c'était un royal cep de vigne habité par une multitude d'oiseaux.

Il était artiste sans le savoir, suivant ses instincts en aveugle, n'ayant point encore ouvert les yeux sur le monde immatériel qui ne rayonne que pour les âmes prédestinées. Son amour fit tomber le voile et lui montra la lumière : « Je serai peintre, dit-il, je le veux, je le puis. » Il se fit initier : un ami lui présenta dans l'atelier de celui même qui devait épouser la jeune fille. Comme il avait de l'intelligence, celle que le cœur donne si vite, il étonna bientôt son maître, qui s'en alla partout vanter le génie du forgeron, même dans la maison de la jeune fille. Un an après, le maître était éconduit et le disciple épousait celle qui lui avait révélé son génie. On a gravé sous un portrait de Metsys cette inscription :

CONNUBIALIS AMOR DE MULCIBRE FECIT APELLEM.

L'Amour, dit une poésie de Bion, a attaché à la ceinture de Vénus toutes les clefs d'or de l'intelligence humaine, c'est là qu'il les prend pour les ouvrir ou les fermer à son gré. On ferait un beau livre intitulé les *Métamorphoses de l'Amour*. A Naples, le Zingaro était chaudronnier : l'Amour métamorphosa en peintre le chaudronnier. Metsys fut heureux dans son talent et dans son amour. Il mourut à Anvers, âgé de quatre-vingts ans, sans avoir quitté les Flandres.

Pendant que Franc Floris et ses cent cinquante disciples allaient puiser leur génie à toutes les sources, en Italie, en Allemagne, en France et en Hollande, quelques hommes bien doués, plus franchement épris de la palette ardente et de la vérité naïve que de la poésie chrétienne, plus amoureux des vierges en sabots des Pays-Bas que des madones de Raphaël, continuaient avec une robuste ferveur l'œuvre des Van Eyck et d'Ouwater. La tradition de l'école primitive était une flamme qui pâlissait de jour en jour sous le rayonnement italien; mais plus d'un artiste, fier du génie national trouvait devant cette flamme assez de lumière encore pour éclairer ses panneaux d'un éclat immortel.

Si déjà l'on pressent Rubens dans Franc Floris et son école, ne pressent-on pas Rembrandt dans Aertsen, Cornelis, Lastman, Pinas et Schooten? Le génie le plus franc et le plus primesautier a toujours été fécondé par un rayon du génie des autres. Le génie n'est pas une plante sauvage qui éclôt soudainement sur le sommet des montagnes vierges dont le chamois seul connaît la neige immaculée; le génie est lent, même dans sa marche la plus rapide; il habite le monde connu. Tous les grands poëtes sont nés d'un maître; Homère seul fut le disciple de Dieu.

III

LES BREUGHEL

Le Beau idéal a pénétré dans tous les pays; mais il est né en Grèce, sous la splendeur d'un ciel pur; en Grèce, où la poésie n'a trouvé que des accents sublimes; où la nature, l'amante du soleil, est dans toute sa souveraine grandeur. Le Nord est le pays de la rêverie. En attendant le soleil qui vient si peu, l'artiste penche son front au-dessus de l'âtre; il ne peut vivre, comme ses frères du Midi, sous ce rayon qui fait éclore les fleurs de l'âme comme les plantes de la terre; il vit en lui-même, en dehors de la nature, qui n'est trop souvent qu'une marâtre pour lui. Il évoque les songes familiers, l'esprit des légendes, les lutins du foyer, les fées du monde impossible; il peuple les solitudes, il ranime les morts au cimetière, il court au sabbat, il s'égare avec un doux et amer entraînement dans l'empire sans bornes du mystère. Où ne va-t-il pas? Il pénètre dans le paradis et dans l'enfer, que lui a dépeints le prêtre à son dernier prêche. Il confond bientôt le monde visible et palpable avec le monde des fictions : il n'y a plus de limites pour son esprit; les images qu'il a vues la veille à la fenêtre voilée ou dans la sombre église ne sont pas plus vraies pour lui que les images flottantes de sa rêverie. Sait-il qu'il rêve? Mais la vie elle-même n'est qu'un songe plus long que les autres, ni plus fou ni plus vraisemblable. Dès l'origine, la peinture flamande et hollandaise a eu ses heures de rêverie qui l'ont livrée à tous les poétiques dangers du symbole. Van Eyck dans un *Enfer*, Hemling dans le *Mariage mystique de sainte Catherine*, Metsys dans ses *Peseurs d'or troublés par des apparitions*, Bosch dans ses créations bouffonnes, Lucas de Leyde dans ses interprétations de la Bible, avaient déjà cet accent mystérieux qui éclata au seizième siècle, dans Breughel d'Enfer et dans Breughel de Paradis. Quelques historiens ont voulu que ce nouveau caractère de l'art flamand et hollandais fût un emprunt aux écoles d'Allemagne. Pourquoi s'obstiner à dépouiller les Pays-Bas de tout génie d'initiation? Pourquoi le fantastique n'aurait-il pas pris naissance à Leyde ou à Bruges comme à Cologne ou à Nuremberg? Partout où l'imagination a fermenté dans l'ombre, il s'est levé au-dessus d'elle des images vaporeuses, des fées, des fantômes, des apparitions.

Les Breughel contrastent singulièrement entre eux, quoiqu'ils soient bien de la même famille, par la tendance au fantastique, par l'esprit du trait et le feu du coloris. Ils s'étaient partagé l'univers de cette façon : Pierre Breughel, le premier venu, avait pris la terre pour domaine; Jacques Breughel s'était emparé de l'enfer; Jean Breughel avait choisi le paradis. Le père était surnommé Breughel le Drôle, pour les paysanneries qu'il saisissait autour de lui avec une vérité curieuse. Son premier fils fut surnommé Breughel d'Enfer pour ses diableries, et son second fils Breughel de Velours ou de Paradis pour ses guirlandes de fleurs et ses horizons tout célestes. Ces trois peintres étaient de vrais poëtes par l'imagination et la fantaisie.

Il y a bien du charme à suivre pas à pas ce peintre-poëte dans ses paradis; c'est un enchanteur qui vous conduit, par des sentiers embaumés, vers les pays bleuâtres que nous n'avons vus qu'en songe. Quelle floraison toute printanière! quel aimable concert d'oiseaux chanteurs! quel oubli profond de toutes les misères d'ici-bas! Breughel de Velours était de ceux qui trouvent superflu de reproduire les scènes de la vie humaine; il s'élevait plus haut, il allait à la conquête de ces mondes inconnus que nous devinons au delà des nuages, ces mondes, espoir des nobles âmes qui s'abreuvent de larmes sur la terre. Après ses voyages dans le ciel, Breughel de Velours se promenait aussi sur la terre, mais pour l'embellir de toutes les parures du mensonge. Ainsi il ne peignait sur la terre que des fêtes, des mascarades, des chasses, des divertissements, des nymphes se baignant dans le fleuve ou s'endormant sur le rivage. La mer même ne lui inspirait que de jolies pages. Loin de la voir les jours de tempête, comme Breughel d'Enfer, il ne la visitait que les jours de calme et de soleil, quand elle caresse d'un flot paisible les coquillages roses de la rive, quand les plus jolis poissons viennent respirer à sa surface, quand une brise légère agite mollement les voiles du navire. Veut-il peindre un désert, ce peintre qui ne trouve que des fleurs sur sa palette? Avec la volonté d'être sévère, il n'arrive qu'à peindre une oasis.

J'aime à croire que Breughel de Velours est allé voir là-haut s'il a peint le paradis sous des couleurs assez belles. Pour Breughel d'Enfer, je pense qu'il n'a pas voulu savoir si les diables sont aussi noirs qu'il les a faits.

Dans l'histoire de l'art, une page sera éternellement consacrée aux Breughel, page curieuse où les poëtes et les rêveurs aimeront à s'arrêter. Ces trois peintres ne doivent leur génie qu'à eux-mêmes. Ils se sont moqués de la tradition. Aussi ils ont laissé un nom, une œuvre et une école. Ainsi, parmi leurs descendants, ne reconnaît-on pas un peu Callot, Teniers et Jean Van Huysum? Il est aussi honorable d'avoir de tels descendants que de n'avoir pas eu de maîtres.

IV

RUBENS

GASPARD DE CRAYER. — VAN BALEN. — SNEYDERS. — JORDAENS

Rubens est un poëte épique comme Homère et Zeuxis, comme Dante et Michel-Ange. Ce qu'a dit Cicéron d'Homère, ce qu'a dit Aristote de Zeuxis, peut quelquefois s'appliquer au souverain artiste des Flandres. Oui, celui-là aussi avait de l'aigle les yeux et les ailes; il préférait le surhumain vraisemblable au vrai cloué sur le sol; avec les hommes il faisait des dieux, parce qu'il savait voir la nature à travers les splendeurs du monde idéal*.

L'art est l'image du monde : il a ses luttes et ses sommeils, ses aspirations et ses désespoirs. « Il est pétrifié quand il ne change pas, » a dit madame de Staël. L'art se renouvelle par les conquêtes modernes ou par les découvertes anciennes, deux vastes horizons qui l'appellent toujours. Mais le plus souvent le génie, n'est-ce pas le don de répandre la vie et la jeunesse sur des idées et des formes déjà connues? Quiconque est né fort, quiconque est l'inspiré de Dieu, vient ramener le printemps dans le monde de l'art. Rubens est apparu à l'heure de la décadence pour la peinture. L'Italie n'avait plus que des maîtres secondaires; les Carraches croyaient succéder à Michel-Ange, l'Albane s'imaginait continuer l'œuvre du Vinci, le Guide prononçait devant ses tableaux le divin nom de Raphaël. Une dernière et glorieuse période allait pourtant s'annoncer comme un soleil d'août. Rubens, Murillo, Poussin, Rembrandt, Claude Lorrain, devaient faire la gloire du dix-septième siècle; mais Rubens domine tous ces grands maîtres par le caractère épique de ses créations, par les formes magistrales de son génie.

D'où venait-il ce génie ardent et aventureux qui semait la vie à pleines mains? Est-il, comme

---

* Cependant Rubens, tout imprégné de naturalisme, peut-être à son insu, car la nature était chez lui plus forte que la science, a trop chargé ses figures de chair. Zeuxis, d'après l'exemple d'Homère, donnait à ses femmes une certaine forme héroïque ; mais il possédait au même degré la force et la grâce.

Aussi, tout héroïques qu'elles soient, ses femmes étaient toujours des femmes, et même, selon les témoignages de l'antiquité, les plus belles de la Grèce.

Théocrite a créé son Hélène d'après ces majestueux modèles.

on l'a dit, l'héritier suprême des Flamands, ou, comme tant d'autres, Rubens est-il le fils de ses œuvres?

Rubens vint avec son génie recueillir l'héritage de ses devanciers, mais il l'agrandit encore par des conquêtes hardies et inespérées. Rubens était un poëte épique, emporté par une ardente et folle imagination jusqu'aux débauches de la pensée et de la palette. Avait-il compris que les Flandres, déjà trop bercées par les voluptés matérielles, dès longtemps endurcies par la religion de l'or, ne seraient désormais émues que par les pages à grand fracas, les drames où ruisselle le sang, les sauvages ripailles de la kermesse, les altiers tourbillons de la fête de village, les allégories éclatantes, le faste insolent des grands seigneurs et la beauté luxuriante des grandes dames? Ou bien, en créant ce pompeux poëme de la chair, du mouvement et du bruit, où la nature s'élève si haut qu'elle parvient jusqu'à voiler le ciel, Rubens obéissait-il à sa nature toute panthéiste?

Au seul nom de Rubens, une vie éclatante se déroule fastueusement sous les yeux. On voit apparaître un palais à colonnes soutenu par des cariatides. La sculpture déploie sur la façade toutes ses fleurs épanouies, ses pampres, ses grappes d'amours lascifs, ses guirlandes de visions. Le regard va de la surprise à l'éblouissement. Dans les cours de ce palais, devant ce perron couvert de statues, les chevaux piaffent et hennissent d'impatience; ce sont des équipages de princes et d'archiducs, c'est l'équipage de Rubens lui-même, qui va descendre de son atelier pour aller à la cour. Mais la vraie cour n'est-elle pas chez lui? N'est-ce pas dans son atelier que se rencontrent tous les grands seigneurs et tous les grands artistes? N'est-ce pas dans son atelier que sont répandues d'une main prodigue toutes les saintes et folles richesses créées pour les yeux : les belles femmes qui posent en Madeleines, en Chimères, en Naïades, les étoffes de soie et de velours, d'argent et d'or, les tapisseries féeriques, les tableaux de maîtres, les armes ciselées, les miroirs de Venise, les girandoles de Murano, les livres à images?

La Grèce a hésité entre les douze patries d'Homère, la Belgique et l'Allemagne revendiquent Rubens parmi leurs illustres enfants. Rubens est né à Cologne, mais Rubens est Flamand par l'origine comme par le génie. En effet, il était le fils d'un échevin d'Anvers que les proscriptions religieuses avaient chassé de son pays. D'ailleurs, il n'avait pas huit ans, il n'était pas encore né pour l'art quand il suivit à Anvers sa famille, qui revint habiter son ancienne maison, dès que le duc de Parme eut remis la ville d'Anvers sous la domination espagnole. Rubens naquit donc à Cologne (1577), dans la même maison où soixante-cinq ans plus tard, par un de ces hauts caprices de la destinée, Marie de Médicis, à jamais immortelle par la palette de Rubens, mourait abandonnée, presque sans pain. Qui ne s'est arrêté tout ému et tout pensif devant cette maison à jamais célèbre dans la comédie humaine! Rubens était fils de Jean Rubens, professeur en droit, et de Marie Pipelings. Son aïeul était originaire de la Styrie. Son père, qui le destinait aux belles-lettres, lui fit aimer la langue latine. A peine était-il entré sérieusement dans l'étude, que Marguerite de Ligne, comtesse de Lalaing, le prit chez elle en qualité de page. La dame aimait les beaux adolescents; Rubens avait une figure charmante, douce, pensive et spirituelle. Le génie tumultueux qui enflamma sa vie ne rayonnait pas encore sur son front. Il paraît même que les soupers licencieux de la comtesse de Lalaing ne furent pas longtemps du goût de Rubens, car il vint un jour tout

rougissant appuyer son front sur le sein de sa mère en lui confiant qu'il ne voulait plus retourner dans un hôtel où l'on vivait comme dans un cabaret. « Mon pauvre enfant, ton père est mort;
où iras-tu sans appui? — Chez Tobie Verhaegt. — Tobie Verhaegt? — Oui. C'est un paysagiste
que j'ai vu chez la comtesse. » Rubens ne fut pas peintre en naissant, comme tant d'autres qui
apprennent à dessiner avant d'apprendre à écrire; quand il prit un pinceau, il s'imagina qu'il était
né paysagiste. Les fortes natures se mettent presque toujours en route sans connaître encore leur
chemin.

Tobie Verhaegt était un artiste original, qui reproduisait la nature avec un certain caractère
de grandeur, sans toutefois abandonner le sentiment naïf des paysagistes du Brabant; Rubens
n'eut pas lieu de se repentir des études qu'il avait faites avec cet excellent artiste. Ce fut surtout
avec lui qu'il apprit la science des tons aériens; il reconnut bientôt que ce n'étaient pas seulement
des ciels et des rivières, des prairies et des montagnes, des fleurs et des forêts qui devaient tomber du chaos de sa palette, mais des hommes et des femmes, des pensées et des sentiments. Il
entra à l'atelier d'Adam Van Oort, génie aventureux dont la hardiesse séduisait de prime abord le
jeune homme.

Adam Van Oort, trop tôt aveuglé par son génie, n'étudia que dans les tavernes enfumées, au
milieu des filles de joie et des pots de vin. Peut-être son talent ne perdit-il pas en énergie et en
couleur, mais nul sentiment élevé ne fleurit sur ses débauches de chair et de pampre.

Rubens avait été attiré à son atelier par un instinct secret pour ces débauches de chair et de
pampre, mais surtout parce que tous les talents en germe étaient disciples d'Adam Van Oort.

Au temps où éclata le génie de Rubens, les Pays-Bas comptaient encore plus d'un grand artiste,
comme Gaspard de Crayer, Henri Van Balen, Jacques Jordaens, Otto Venius.

Gaspard de Crayer étudia sous Raphaël Cocxie, qui n'était pas digne de porter ces deux noms.
Il montra ses forces par quelques portraits de grands seigneurs qui proclamèrent son génie à la
cour. Rubens fit un voyage à Bruxelles pour saluer de Crayer. Il le surprit devant une grande
page religieuse. « Crayer, Crayer, lui dit-il avec admiration, personne ne vous surpassera. » Le
cardinal Ferdinand et son frère le roi d'Espagne voulurent fixer Crayer à Bruxelles par une charge
de cour, mais le grand artiste ne ressemblait pas à ses glorieux contemporains; il ne voulait
vivre qu'en lui-même : comme Philippe de Champagne, un demi-siècle plus tard, il s'élevait au-
dessus des vanités du monde. Pourvu qu'il eût en main sa palette ou ses livres, il se moquait du
bruit des glorieux; aussi mourut-il plein de jours. Quand la cour crut se l'attacher pour la vie
par quelques hautes faveurs, il se déroba au monde, il s'enfuit à Gand, d'où nul ne parvint à le
détacher; il y vécut solitaire avec une sœur, dans l'amour du labeur intelligent.

Les tableaux religieux dominent dans l'œuvre de Crayer; cependant plus d'un sujet profane
égaye sa galerie. Bien qu'il n'ait visité ni l'Italie ni la Grèce, bien qu'il ait à peine étudié les dé-
bris du monde antique, il y a dans ses sujets profanes je ne sais quel accent d'Euphanor et de
Zeuxis. Son chef-d'œuvre en ce genre, la *Danse des Nymphes*, n'a-t-il pas quelque vivant souvenir de l'art païen? L'art a cela de beau qu'il crée les œuvres les plus opposées sans pourtant
créer des monstres. Un rêve païen évoqué par la lecture du vieil Homère vient un matin, comme

une fraîche haleine d'avril, traverser le cerveau rigoriste d'un peintre catholique et embaumer le froid ossuaire où gisent déjà les austères enfants de son génie. Le démon de la volupté a surpris les cœurs les plus pénétrés des saintes extases. Le pinceau de Gaspard de Crayer, tout sanctifié qu'il fût par les figures angéliques du christianisme, succomba plus d'une fois à cette ardeur amoureuse qui l'entraînait vers la beauté du contour, vers la grâce panthéiste. Dans tous les tableaux que Crayer peuplait des nymphes vêtues de l'air du temps, on trouve l'accent flamand sous le style païen; les figures sont toujours coiffées avec un goût antique, les paysages sont élégants (les grandes lignes sans détails), les airs de tête ont une candeur pénétrante et voluptueuse.

Van Balen, on l'a vu, était l'élève d'Adam Van Oort avec Jacques Jordaens : il eut la gloire d'être le premier maître de Van Dyck. Il était né à Anvers, cette mère patrie de presque tous les grands peintres des seizième et dix-septième siècles. Il fit de bonne heure le voyage d'Italie. Il y étudia le nu d'après l'antique et l'expression d'après Raphaël. Son pinceau, par sa grâce, sa délicatesse et sa fraîcheur, lui valut beaucoup d'argent et beaucoup d'amis. Il revint à Anvers déjà riche, excellent dessinateur et coloriste harmonieux. Il révéla surtout son style italien par un *Festin des dieux* et un *Jugement de Pâris*, où le charme de l'expression le dispute au charme du contour, car presque toutes les figures de ces deux toiles étaient nues. Comme il avait reconnu dans Breughel de Velours une main sœur de la sienne, il lui faisait peindre souvent ses fonds et ses paysages : en revanche, il encadrait dans les guirlandes embaumées de son ami de fraîches et souriantes figures de Vierge.

Bien que Sneyders ait étudié comme Van Dyck sous Van Balen, on peut dire qu'il fut son maître à lui-même, car Van Balen lui enseignait la peinture historique, lorsqu'un jour il reconnut qu'il n'était pas né pour peindre des hommes, mais pour peindre des bêtes. Il débuta par une chasse au cerf qui fit sa fortune. Jusque-là on n'avait jamais représenté avec tant d'éclat et tant de vie les meutes ardentes et les chevaux éperdus. Le roi d'Espagne (Philippe III), ayant vu ce tableau, voulut avoir vingt chasses de Sneyders; l'archiduc Albert le nomma son premier peintre, et Rubens, l'empereur de la peinture, l'appela pour peindre les animaux et les fruits de ses tableaux, déclarant qu'il saurait bien le payer en monnaie d'artiste. En effet, Rubens peignit presque toutes les figures des tableaux de Sneyders. Ces œuvres faites à deux semblent, par leur admirable harmonie, appartenir au même maître; c'est que Rubens et Sneyders avaient la même touche libre et fière, riche et variée, la même couleur ferme, chaude et dorée. Sneyders vivait sans doute familièrement avec les animaux; il les a représentés dans leurs passions, dans leurs fureurs, dans leurs larmes. Quelle vérité naïve et saisissante ! Ses combats de chiens et de sangliers, ses duels de lions et de tigres, respirent une énergie sauvage qui vous monte à la tête. Ses forêts répandent je ne sais quelle amère et verte odeur qui révèle un paysagiste vivement épris de la nature.

Jacques Jordaens (1594-1659), né à Anvers, fut une des natures les plus largement douées. Il atteignit l'âge de quatre-vingt-quatre ans, à peine épuisé par les vingt mille figures tombées de son pinceau. Nul ne fut plus âpre et plus ardent coloriste; Rubens lui-même n'a pas surpassé l'éclat, la fraîcheur et l'énergie de sa palette. Jacques Jordaens ne quitta point Van Oort,

5

comme Rubens, pour Otto Venius, d'abord parce que la hardiesse aveugle, la fougue sans frein du maître séduisait son esprit aventureux, né pour les fureurs de la palette; ensuite, parce que le maître permettait à sa fille, la belle Catherine Van Oort, de descendre à son atelier. Le monde est semé de ses tableaux. Il arrivait à l'éclat, mais non à la noblesse de Rubens; son éclat, d'ailleurs, n'est pas toujours vrai; sa touche enflammée semble indiquer plutôt la lumière de l'incendie que la lumière du soleil. La Bible et la mythologie lui étaient pareillement familières; il enlevait aussi gaiement une figure de Vierge qu'une figure de nymphe. Ce qui lui manquait surtout, c'était la gravité de la touche et de la pensée, c'était la foi en lui-même ou en son œuvre.

Jordaens vécut en grand seigneur, non comme Janssens et Rombouts, pour lutter contre le génie et les splendeurs de Rubens, mais parce qu'il aimait les chevaux, les palais et les belles étoffes. On ne lui payait pas ses œuvres aux prix de Rubens; mais il arrivait presque à un pareil revenu, parce qu'il peignait plus rapidement encore : il créait une figure comme par merveille, en deux ou trois heures. Après une vie agitée comme son génie, il mourut le même jour que sa fille, Élisabeth Jordaens. Il fut enterré avec elle dans le même tombeau, où déjà dormait pour l'éternité sa chère Catherine Van Oort.

Cependant Otto Venius, qui après Coexie et Floris fut le Raphaël flamand, venait d'arriver à Anvers avec une grande renommée, au temps même où Rubens étudiait à l'atelier de Van Oort. C'était un savant historien, un fervent artiste, un peintre épris du style : Rubens alla à lui.

On admire l'art dans les tableaux d'Otto Venius; mais on n'y trouve pas l'expression intime de la nature. Tout en quittant les régions du simple et du vrai, il ne s'élève pas à l'idéal. Il a plus d'ampleur, plus d'éclat, plus de variété; c'est bien la préface de Rubens, mais on cherche encore quand on a longtemps étudié son œuvre. Sainte simplicité flamande, où es-tu ? C'en est fait de toi, nous ne te retrouverons plus dans les grandes pages.

Otto Venius n'est pas seulement célèbre parce qu'il a eu Rubens pour disciple. Il étudia le latin et la peinture à Leyde; à quinze ans il passa à Liége, où il trouva un ami dans le cardinal Graesbeeck. Il partit bientôt pour Rome, où il s'attacha avec amour à l'école de décadence. Il ne quitta l'Italie qu'après sept années d'études. Il passa en Allemagne de cour en cour, très-recherché partout. La saveur agreste et toujours douce au cœur du pays natal le ramena dans les Pays-Bas. Le duc de Parme, qui gouvernait alors pour l'Espagne, reconnut bien vite le talent du peintre et l'intelligence du lettré; il le nomma peintre de la cour d'Espagne. Ce fut alors que Rubens lui demanda la faveur de peindre sous sa direction. A la mort du duc de Parme, Otto Venius passa au service de l'archiduc Albert, après avoir salué son entrée à Anvers par un arc de triomphe riche en savantes allégories. L'archiduc l'appela à Bruxelles comme intendant de la Monnaie. A Bruxelles comme à Anvers, comme partout où il avait séjourné, il se montra robuste au travail, soit qu'il tînt la plume ou le pinceau. Plus d'un savant, plus d'un artiste, plus d'un prince, recherchait son amitié et même sa protection, car il était l'homme du bon conseil. Le roi Louis XIII voulut l'attirer à la cour de France; il lui offrit un de ses palais pour demeure, disant qu'il le reconnaissait pour un prince des arts. Otto Venius était de ceux qui tiennent ferme au pays natal, aimant mieux y recueillir une gerbe mêlée d'ivraie qu'une gerbe d'or pur; il voulut mourir en Flandre. Il eut deux filles, Gertrude et Cornélie, qui ont honoré la peinture. Gertrude a peint un beau portrait d'Otto Venius coiffé d'une toque retroussée comme le vieux Hubert Van Eyck. Dans le front et dans le regard on reconnaît le savant, le penseur et l'artiste. Il porte une fraise à double rang, que cache à demi sa barbe grise. Otto Venius réduisit le premier en principe la science du clair-obscur. Tout en s'appropriant le savant laisser-aller des Italiens de Venise et de Bologne, il avait perdu cette touche naïve, saine et patiente, de l'école de Bruges.

Tout en reconnaissant la science et le style d'Otto Venius, Rubens, déjà pénétré du naturalisme flamand, eut le bon esprit de ne pas sacrifier à ce nouveau maître les œuvres robustes et origi-nales d'Adam Van Oort. Otto Venius, même dans ses hardiesses, avait des timidités aux yeux de Rubens; même dans son ampleur il avait de la sécheresse, même dans son éclat il avait de l'ombre. Et puis Otto Venius avait le tort de tous les érudits, dans les arts comme dans les lettres : il peignait trop de par tel peintre vénitien ou tel peintre bolonais, comme un savant qui in-dique ses auteurs à chaque page. Rubens avait trop de sources vives jaillissantes déjà pour aller puiser d'une main timide aux sources étrangères.

Rubens quitta son dernier maître à peine âgé de vingt-trois ans, soit qu'il craignît de trop subir l'influence d'Otto Venius, soit que celui-ci lui conseillât de voyager. Rubens eut encore un maître, maître souverain dont il faut parler ici. Ce grand maître, ce fut son temps, ce seizième siècle tout plein des fougues, des colères, des orages des guerres civiles et des fureurs religieuses. Dieu sème le génie dans le sang des révolutions; après les grandes actions viennent les grands artistes. Dieu dispose le tableau, le peintre n'a plus qu'à le fixer sur la toile. Les uns ont la nature pour souverain maître, ils vivent dans son silence éloquent et dans ses joies agrestes, dans la poésie de ses métamorphoses et de ses horizons : c'est Claude Lorrain, c'est Ruysdaël. Les autres, comme Ostade ou Metzu, ont pour souverain maître le génie du foyer, parce qu'ils ont vécu les pieds dans l'âtre, l'œil distrait par le roman familier de l'intérieur. Ceux-ci, Raphaël ou Lesueur, ont pour les guider le divin sentiment qui fleurit dans leur âme comme un lis du rivage sacré; ceux-là, Michel-Ange ou Rubens, ont emprunté la fougue, le bruit et l'éclat de leurs compositions aux ré-volutions qui les ont bercés.

Sa femme était belle, il en fit une reine : il ne la mit point dans une maison, mais dans un pa-lais; il lui donna des chevaux et des laquais, les plus riches étoffes, les plus rares parures. Si la chambre d'Isabelle semblait l'œuvre des fées, l'atelier de Rubens était l'œuvre d'un artiste achevé : c'était un cabinet en rotonde éclairé par le haut, orné de vases de porphyre et d'agate les plus merveilleusement sculptés, de bustes antiques et modernes du plus haut style. Toutes les écoles de peinture avaient là leur représentant dans quelque œuvre précieuse. Cette collection enviée par tous les princes, Rubens la céda plus tard, bien à regret, au duc de Buckingham, qui, en lui comptant soixante mille florins, croyait bien qu'il ne la payait pas; mais le duc lui donna son amitié, qui fut inépuisable. Quoiqu'il vécût comme un prince, Rubens vivait heureux. Il avait le luxe, mais il avait la liberté. Et puis, s'il travaillait, c'était avec la religion de l'art. Ses loisirs étaient ceux d'un esprit intelligent qui s'en va butiner comme l'abeille gourmande sur toutes les fleurs de la science. En un mot, son temps était à lui, voilà tout le secret. L'or tombait de sa palette comme par enchantement : ses moindres ébauches étaient recherchées dans les quatre royaumes. Il comprenait si bien, que le temps est une richesse qui passe, qu'il ne voulait pas perdre une heure. Il dormait peu; il courait beaucoup à pied ou à cheval, tantôt le monde, tantôt les bois. Il avait son lecteur ordinaire : il ne saisissait jamais sa palette sans que celui-ci vint avec deux ou trois auteurs, tantôt sacrés, tantôt profanes. Il n'avait pas besoin d'ailleurs de la science des autres; tous les poëtes lui étaient familiers; il parlait sept langues et connaissait à fond toutes les théologies et toutes les histoires. Cependant peu à peu la paresse vint saisir cet esprit éclatant. Comme l'amour de l'or et du luxe ne s'altérait pas chez lui, il choisit sept à huit de ses élèves et les mit à l'œuvre, non pour eux, mais pour lui. Il devint pour ainsi dire un très-intelligent chef d'orchestre. Il avait une estrade dans son atelier, il y montait avec des livres, il traçait quelques lignes et commandait à haute voix. Comme il avait choisi les talents les plus variés, les sept ou huit élèves pouvaient travailler au même tableau; l'un traitait le nu, l'autre la draperie, celui-ci le paysage, celui-là les animaux, enfin le maître venait à son tour parachever l'œuvre. En quelques coups de palette il avait l'art de répandre la vie et d'imprimer son style. Il pouvait signer en toute conscience, c'était bien l'œuvre de Rubens; il avait donné l'inspiration, il avait tracé le dernier mot.

Rubens peignait comme Homère et Théocrite chantaient; il avait la grandiosité dans le génie. Les luxuriantes et naïves Flamandes lui rappelaient les formes héroïques des femmes de Sparte, de Lacédémone et de Syracuse. Il est d'un grand aspect comme la mer, les tempêtes et les montagnes. Il passe rapide comme la foudre, sans s'arrêter aux ciselures ni aux mosaïques. Sous son pinceau la mer jaillit tout entière, et non vague par vague; les montagnes s'élèvent par grandes lignes, et non par rochers et par touffes d'herbes.

Rubens, quelque tableau qu'il fît, conservait, même à son insu, ce style d'apparat qu'il avait emprunté à l'école de Venise, mais surtout à Paul Véronèse. Il faut bien avouer qu'il y a un peu de mouvement théâtral dans son talent; il n'est pas jusqu'au paysage qu'il n'ait trop animé par la mise en scène. Ainsi, chez lui, la nature est toujours aux prises avec l'orage ou la tempête; il parvient sans cesse à altérer cette naïve et sublime simplicité dont Dieu l'a revêtue. Dans les nues, il jette un arc-en-ciel ; sur la prairie, il précipite une cascade ; dans la forêt, il chasse un coup de vent.

Rubens est une des plus puissantes individualités qui aient marqué dans les arts. Sa grande figure est empreinte du caractère olympien. Non-seulement il a régné souverainement dans les Flandres, mais il a partagé la couronne des plus radieux artistes. Il a quelquefois saisi la grâce adorable de Raphaël et la grandiosité de Michel-Ange, l'énergie robuste de Titien et la suavité du Corrége. Il a lutté avec la nature et n'a pas été vaincu par elle. Rien n'arrêtait ce fier et vaillant pinceau qui passait, victorieux toujours, de l'allégorie au bouquet de fleurs, de l'histoire sacrée à la kermesse, du portrait au paysage.

Ce grand génie, qui voulait être le dernier mot de l'Italie et de la Flandre, a un peu abusé de ses forces ; il a pris quelquefois la fureur pour l'inspiration ou la verve. Dans sa fougueuse énergie, il a çà et là dépassé le but, car tout ce tumulte, tout ce fracas, toutes ces splendeurs, frappent souvent plus les yeux que la pensée. Ne s'adressent-elles pas aussi à quelques-unes des œuvres de Rubens, ces paroles de Shakespeare : « Une fable contée par un fou, pleine de redondances et de grands mots? (*A tale told by an idiot, full of sound and fury, signisyind nothing.*) » Avec un peu moins d'éclat et un peu plus de poétique grandeur, qu'eût-il manqué à Rubens? Au lieu d'adorer à Venise le style un peu théâtral des coloristes, que n'a-t-il adoré à Rome la ligne éloquente des dessinateurs?

Parmi les plus admirables pages de ce génie enivré de sa force comme la forêt est enivrée de sa séve au printemps, il faut saluer un *Christ descendu de la croix* dans la cathédrale d'Anvers; jamais on n'a été plus expressif et plus douloureux, jamais cette page sublime du poëme de la Passion n'a été traduite par un art plus divin; la Vierge n'est plus une femme, c'est la mère de Dieu; Jésus n'est plus un homme, c'est le fils de Dieu. Quoique la couleur éclate sur cette toile comme dans toutes les œuvres de Rubens, elle n'y étouffe pas la ligne et le sentiment. C'est l'art, c'est la vie, c'est humain et c'est divin. Rubens est là tout entier. Et là du moins on sent bien que la main profane d'un élève n'est pas venue refroidir l'inspiration du maître.

Comme Michel-Ange, Rubens fut le peintre du mouvement; il aimait le mouvement jusqu'au désordre : aussi ses attitudes sont-elles un peu outrées dans leur énergie. La chaleur et l'enthousiasme l'entraînaient trop loin, même dans la peinture héroïque, hormis pourtant dans ces admirables chefs-d'œuvre, la *Chute des Anges rebelles* et le *Combat des Amazones*. Ses hommes sont toujours des hommes par la force et par la grandeur; mais, dans sa manière trop large et trop puissante, les femmes qu'il crée ne sont plus assez des femmes.

Le caractère du génie humain est d'étonner par des beautés, et non pas d'être sans défaut. Saluons sans critique celui qui, comme Dieu, créait son monde en six jours. Il avait la rapidité de la foudre, non pour détruire, mais pour répandre la vie dans ses tableaux. Saluons Rubens, inclinons-nous devant son sceptre, car celui-là fut un roi, le roi glorieux des Flandres. Quel est celui qui, en s'élevant sur son trône, pourrait atteindre à sa taille?

Rubens, l'œil enivré de couleur, n'a rien compris au contour pur, si correct et si expressif, d'Euphanor*, à cette ligne sévère, idéal du sculpteur antique retrouvé par Raphaël. Ce qui a frappé Rubens, c'est l'éclat et la grandiosité. Comme Michel-Ange, il a oublié que les Grâces ne sont pas des Amazones. Mais qu'importe, s'il est arrivé victorieusement jusqu'au sommet de l'art? Tout en négligeant trop les leçons des maîtres de l'antiquité, il a saisi à la nature des beautés qu'eux-mêmes n'avaient pas découvertes. Le génie n'est-il pas souvent le don de voir l'œuvre de Dieu sous un aspect nouveau?

---

* Euphanor représentait à la fois dans Pâris le juge des déesses, l'amant d'Hélène, le vainqueur d'Achille, sans les res- sources d'un beau coloris, avec la ligne seule, qui est une lan- gue complète.

V

VAN DYCK

Le temps, qui dévore tout, n'a pas atteint l'œuvre de Van Dyck ; ses portraits ont conservé toute leur lumière et toute leur fraîcheur ; peut-être même le temps a-t-il répandu sur ces toiles immortelles cette harmonieuse poussière, cette magique trame qui donne aux vieilles peintures l'aspect mystérieux d'œuvres consacrées où l'on ne reconnaîtrait pas la main des hommes.

L'école flamande s'était condamnée, par son principe, à descendre toujours de l'idéal au réel, de la poésie à la vérité. Si cette tendance fut fatale aux grandes pages produites à Bruges, à Anvers et à Bruxelles, ne peut-on pas affirmer qu'elle fut favorable à l'œuvre de Van Dyck ? En effet, si le naturalisme doit régner en toute force et en toute liberté, n'est-ce pas dans le portrait, pourvu que le peintre sache, comme Van Dyck, y répandre la lumière du ciel et la lumière de l'intelligence *?

---

* Van Dyck partit pour l'Italie par un beau soleil de juillet ; mais, dès le premier jour du voyage, s'étant arrêté pour boire une pinte de bière, il remonta à cheval. Mais la destinée l'attendait là. Une jeune fille, une paysanne, plus fraîche, plus blanche et plus rose que toutes ses visions de vingt ans, apparaît sur le seuil du cabaret et lui dit, avec un sourire qui montrait des dents blanches comme celles d'un jeune loup : « Et le coup de l'étrier, monseigneur ? » Van Dyck retient la bride de son fougueux compagnon de voyage. « Le coup de l'étrier ? dit-il ; je ne partirai pas. » Il mit pied à terre pour admirer de plus près cette naïve beauté, si éclatante et si inattendue, qui devait être son troisième maître. Elle était presque vêtue de l'air du temps ; elle allait pieds nus, jupe courte, brassière mal agrafée, cheveux au vent, gorge au soleil. Van Dyck rentra au cabaret. « Où alliez-vous, monseigneur ? — En Italie ; mais, si vous voulez, je n'irai pas si loin. » En effet, qu'allait-il faire en Italie ? Voir les femmes de Raphaël et de Titien. Sont-elles donc plus belles que ne l'était cette meunière de Saventhem ? Dans la vie et dans le talent de Van Dyck, le cœur devait jouer un plus grand rôle que la tête. Toute paysanne qu'elle fût,

cette meunière de Saventhem réalisait l'idéal de Van Dyck. Puisqu'il avait trouvé son idéal, il ne voulait pas quitter le pays. Il s'installa bravement dans la famille de sa maîtresse. Ainsi Van Dyck, déjà célèbre, habitué aux belles manières, né avec l'instinct des grandeurs, se contenta pour atelier de quelque hangar rustique à l'ombre d'un moulin, comme plus tard Rembrandt.

Sa maîtresse, voulant se faire pardonner là-haut leurs joies amoureuses, le pria de peindre pour l'église paroissiale deux tableaux religieux. Sans doute la passion de Van Dyck était sérieuse, puisqu'il obéit à sa maîtresse. Tout autre à sa place se fût contenté de peindre deux fois la belle meunière, une fois pour elle et une fois pour lui, après quoi il eût continué sa route en riant de l'aventure ; mais Van Dyck était aussi fervent amoureux que fervent artiste. Il peignit les deux tableaux pour l'église de Saventhem. Le premier représentait *saint Martin donnant la moitié de son manteau aux pauvres*. Le saint Martin était Van Dyck. Comme il s'était représenté à cheval, il avait peint son compagnon de voyage, qui, quoique pâturant comme un vrai cheval de meunier, n'avait rien perdu de ses

A son retour d'Italie, d'où il revint avec le soleil sur sa palette, il vécut à Londres en grand seigneur plutôt qu'en grand artiste. Plus tard, quand il épousa la fille de lord Ruthven, une des plus belles femmes de l'Angleterre, c'en était fait de lui; il avait abusé de ses forces : jeune encore, il n'avait plus ni séve ni courage. Il tomba malade et ne se releva point. Sa femme lui avait donné une fille; cette fille étant morte à deux ou trois ans, ce fut un dernier coup pour son cœur. Il mourut, sans trop de regrets, à quarante-deux ans, avec la funèbre et sainte espérance d'aller reposer où déjà reposait sa fille, dans l'église Saint-Paul. Marie Ruthven se remaria, mais ne lui survécut guère.

Van Dyck n'a été que le Virgile de Rubens : moins de génie et plus de charme, moins de grandiosité et plus de noblesse, moins enthousiaste et plus parfait. Il faut dire qu'il est mort jeune et qu'il a jeté sa vie à l'aventure, toujours amoureux, partant toujours fou. Du reste, n'était le parti pris de toujours mettre l'élève à l'ombre du maître, on aurait souvent pour Van Dyck, devant ses grandes compositions, la même ferveur que pour Rubens. A ceux qui lui refusent le génie on peut répondre par son fameux tableau de *Saint Martin*, exécuté à vingt ans dans le pauvre village de Saventhem, où il était seul, sans maître et sans tradition. Il a laissé en Italie des pages admirables qui ne pâlissent pas devant celles de Rubens, ni même devant celles de Titien.

Il avait, comme Rubens, la poésie de la couleur; son accent est moins vif, mais il est plus harmonieux encore; son clair-obscur est le triomphe de l'art, puisque l'art ne s'y montre pas. Ce qu'il faut surtout admirer en Van Dyck, c'est sa touche ferme, large et fondue, qui n'exclut pas un fini merveilleux. On comprend d'autant moins cette perfection, qu'il peignait une tête du premier coup et de la même palette. La plupart du temps, il commençait un portrait le matin, il retenait le portrait à dîner et terminait dans la soirée. On voit que ceux qui posaient ne s'ennuyaient pas chez lui. En effet, Van Dyck avait à sa disposition des comédiens, des jongleurs, des musiciens, des danseuses, tout ce qui fait du bruit, tout ce qui jette de l'éclat. En exagérant avec intelligence les ombres et les lumières, Van Dyck arrivait toujours à un effet grand et simple. Il ne prenait à la nature que ce que demande la vérité; il y ajoutait la pompe de l'art. Ses têtes ont un tel relief, un tel degré de vie, qu'on oublie presque, en les voyant, que ce sont des portraits.

Van Dyck, comme portraitiste, est à la hauteur de Raphaël, d'Holbein, de Vélasquez et de Rem-

---

allures héroïques. Dans le second tableau, la *Famille de la Vierge*, il représenta le vieux meunier, la vieille meunière et leur fille. « Tous ceux qui ont vu ce tableau assurent que la paysanne y justifie assez, par sa beauté, les attentions du jeune peintre. » C'est Descamps qui parle ainsi.

Cependant le bruit s'était répandu de Saventhem jusqu'à Bruxelles, de Bruxelles jusqu'à Anvers, qu'un jeune peintre partant pour Rome s'était arrêté en route pour les beaux yeux d'une meunière de vingt ans, qui lui inspirait des chefs-d'œuvre. Rubens crut reconnaître Van Dyck; il se mit en route pour Saventhem. A son arrivée, il entendit hennir le cheval

qu'il avait donné à son disciple. Il surprit Van Dyck sur les marches du moulin, nonchalamment couché aux pieds de sa maîtresse. « Je croyais, lui dit-il en souriant, que vous vous seriez désormais passé de maître? » Van Dyck s'était déjà jeté au cou de Rubens. « Et Rome, et Venise, et Raphaël, et Titien, et Michel-Ange, et Véronèse? — Je partirai demain, » répondit Van Dyck avec un soudain enthousiasme. Il partit. Ce roman de sa vie se dénoue à cette page. Ses historiens ne disent pas s'il se consola bientôt. Que devint la jolie meunière, sa plus fraîche inspiration? Un autre vint-il essuyer ses larmes? Elle était faite pour aimer beaucoup : elle se consola.

brandt. La vie éclate dans tous ses portraits; il saisissait la vérité au moment où l'âme rayonnait sur la figure; de là cette fleur d'idéal, même dans la précision. Du reste, quand l'âme ne parlait pas sur la figure, Van Dyck faisait courir la sienne au bout de son pinceau.

Van Dyck est peut-être le peintre qui a le plus naïvement compris le beau idéal de son siècle; ses portraits lumineux, frappés du reflet de cette aube nouvelle, qui se levait sur le monde, ont tous, avec leur fierté chevaleresque et intelligente, un accent de poésie espagnole et romanesque.

Van Dyck ferme le cycle des grands peintres de son pays. La nature des Flandres s'est épuisée en enfants sublimes. Le génie, comme les épis d'or, ne s'élève du sol qu'après les jachères qui reposent et la rosée qui féconde. Le génie du Nord va s'exiler plus loin dans les brumes; il va fleurir à Leyde, à Harlem, à Amsterdam. L'école de Rubens se disperse et s'éteint peu à peu*. Après cette moisson splendide, nous retrouvons çà et là quelques vertes pousses; après cette lumière éclatante, nous apercevons, sous la nuit qui tombe, les traces du soleil qui disparaît : le couchant conserve ses teintes de pourpre et de flamme, mais peu à peu on ne voit plus que des étoiles au ciel de l'art.

VI

LES PEINTRES DE CABARETS ET DE KERMESSES

Nous avons salué les derniers jours de la grande peinture en Flandre : avec Franz Hals, né à Malines, mort à Harlem, nous allons retourner en Hollande. Leyde n'a encore donné qu'un homme de génie, le vieux Lucas; un plus grand va s'y révéler, Rembrandt, le fils d'un meunier. Harlem va donner ses deux célèbres paysagistes, Ruysdaël et Berghem; Amsterdam, toutes les villes, tous les villages de ce vert pays plein de sève et de saveur, apporteront tour à tour leur tribut. La Hollande aussi aura son siècle de Périclès, son siècle de Léon X, son siècle de Louis XIV; elle va être peuplée d'artistes; on les voit poindre à chaque pas.

Jusqu'ici, sans détacher entièrement les deux écoles, nous avons maintenu les limites qui les

* Ce qui forme le caractère de l'école de Rubens, c'est la santé, c'est la force, c'est l'exubérance. Dans son atelier, les disciples sont taillés en Hercules : ils secouent leurs cheveux dorés commé un lion secoue sa crinière; un sang généreux coule dans leurs veines et les colore comme le vin qui va jaillir de la grappe empourprée.

séparent. Malgré leur sympathie mutuelle pour le réalisme et la couleur, elles ont chacune leur poésie distincte. Il y a tout un monde entre Rubens et Rembrandt, comme entre Titien et Michel-Ange. Près de Rembrandt, il y a là toute une pléiade d'artistes aux franches allures, toujours gais et vifs, qui courent le cabaret et la kermesse; on leur pardonne volontiers de s'attarder jusqu'au matin dans les tavernes, car ils en sortent si bravement, le chapeau de travers et l'épée en ferrailleurs!

Ainsi nous quittons les gentilshommes de la peinture, les grands seigneurs d'Anvers, comme Rubens, Breughel, Van Dyck, pour les plébéiens de l'art, comme Hals, les Ostade, Brauwer; du cabinet royal de Rubens montons au grenier de Hals; il n'y a que la distance du génie au génie.

« Je ne connais, disait Van Dyck, aucun peintre au monde plus maître de son pinceau que Franz Hals. » Van Dyck ajoutait même que le maître d'Ostade aurait été le premier peintre de portraits, s'il avait pu adoucir ses couleurs.

Le cabaret, d'ailleurs, n'était pas autrefois ce qu'il est aujourd'hui; les grands seigneurs y soupaient gaiement en folle compagnie. Dans celui des Flandres, on respirait une certaine poésie pittoresque, on avait de l'esprit sans le savoir. C'était le temps des mœurs grossières, mais naïves et curieuses : quiconque alors n'allait pas au cabaret n'avait pas de philosophie. Hals en avait un peu trop. Il mourut pauvre, à près de quatre-vingts ans, laissant trois ou quatre fils, peintres, musiciens et ivrognes, bohémiens dans l'art comme dans la vie. Ses élèves dignes de lui sont Brauwer et Ostade.

Brauwer a vécu comme son maître, avec plus de génie et plus de passion; aussi mourut-il à trente-deux ans. La débauche n'avait saisi Hals que dans l'âge mur; elle avait étreint Brauwer à quinze ans. Celui-là fut un grand peintre, non pas de la famille de Léonard et de Raphaël, mais de la famille de Véronèse et de Rembrandt. Il y a dans ses petits tableaux toute la puissance qui éclate fastueusement sur les grandes toiles vénitiennes. Sa poésie est en guenilles, mais quelles guenilles! Rembrandt les a baisées religieusement.

Brauwer retrouva le jeune David Teniers à l'atelier de Rubens; il lui donna des leçons et le détourna des grandes pages. Peu s'en fallut que tout l'atelier ne suivît la manière de Brauwer, tant il était éloquent avec la poésie du cabaret. Il rencontra au cabaret un original qui buvait gaiement et contait avec verve. C'était le fameux boulanger Joseph Van Craesbeke, qui devint peintre en voyant peindre Brauwer. Ils burent ensemble. Craesbeke s'émerveilla du talent de Brauwer; il l'attira chez lui et le nourrit. Cette fois, c'était l'élève qui donnait l'hospitalité. Craesbeke fut trop hospitalier, car sa femme était jolie, et Brauwer.était galant.

Craesbeke n'est guère que la grimace de Brauwer; il n'a ni sa richesse de ton, ni sa fierté de touche, ni sa finesse d'expression. Cependant il y aurait de l'injustice à nier l'entrain , le tour facile, la touche solide de cet autre peintre de hasard. Brauwer était l'Homère du cabaret, Craesbeke n'en était que le Diogène.

Adrien Van Ostade fut tout à la fois élève de Franz Hals, son maître reconnu, et de Brauwer, son condisciple. Il imita l'un et l'autre. Plus tard, émerveillé des petits tableaux de David Teniers, il se laissa séduire à cette autre manière non moins curieuse; mais, sur le conseil de Brauwer,

7

qui n'aimait pas les copistes, il suivit enfin la route où sa nature l'entraînait. Tout en peignant les mêmes sujets que Teniers et Brauwer, il a son cachet bien distinct, soit par l'effet lumineux, soit par les ajustements, soit par le coloris, soit par l'expression. Il est plus grotesque et n'a pas moins d'esprit. Teniers est plus logique et compose mieux, Ostade est plus vigoureux et plus fini. Son dessin n'est pas choisi; mais quelle légèreté de touche, quelle transparence, quelle chaleur de ton! Comme il séduit l'œil et détourne l'esprit de critique dans ces intérieurs agrestes dont la fenêtre est si poétiquement égayée par le soleil et les herbes grimpantes!

Adrien Van Ostade est l'idéal du laid, le point suprême. Un peu plus loin, c'est la caricature. Ce qui sauve les bambochades de tous les peintres flamands et hollandais de la même période et du même genre, c'est qu'elles sont plus accentuées que celles de la nature. L'art a toujours son privilége.

On peut appliquer à David Teniers, le peintre des Géorgiques en Flandre, ces paroles de Virgile : *In tenui labor, et tenuis non gloria.*

Teniers se gardait bien de terminer son œuvre avec la froide patience de Gérard Dow, qui imitait plutôt qu'il ne peignait. Teniers voulait peindre avant tout, peindre sans contrainte et sans servilité. Ses paysans et ses buveurs n'eussent point existé, qu'il les eût inventés. Ne les croirait-on pas sortis tout armés de son cerveau? Quoique imitateur religieux et souvent froid de la nature, Teniers est un peintre original; aussi le reconnaît-on de prime abord entre tous ses élèves, qui pourtant ont saisi à leur tour le caractère de la vérité. « Montrez-moi une pipe, disait Greuze, je reconnaîtrai si elle appartient à une figure de Teniers. »

Quoique Teniers eût passé un grand nombre d'années dans le beau monde de son temps, il était d'une ignorance singulière. Ses anachronismes sont des plus curieux. Comme il n'était presque jamais sorti de la Flandre, il ne pouvait s'imaginer que le ciel et la nature des autres pays changeassent de ton et de caractère. La créature même était invariable pour son esprit. Voyez plutôt ses quelques tableaux religieux, comme *Saint Pierre reniant Jésus-Christ.* C'est tout simplement un intérieur de cabaret d'Anvers. On y joue aux cartes, je crois même qu'on y fume. Les soldats sont Flamands des pieds à la tête, par la physionomie et par le costume. Et la servante qui interroge saint Pierre, ne l'avez-vous pas rencontrée, vous tous qui avez voyagé de Gand à Anvers? Qui sait si Teniers n'a pas voulu traduire en flamand ce splendide poëme de la Passion?

VII

REMBRANDT

La vie et la couleur éclatent dans Rubens; dans Rembrandt, ce qui éclate, c'est la pensée et la lumière. Rubens est un plus éblouissant artiste, ses poëmes sont des merveilles qui enivrent les yeux; Rembrandt est plus profond; il veut surprendre l'esprit tout en étonnant le regard.

Il faut qu'ici-bas chacun ait sa folie; c'est une loi divine qui frappe éternellement l'humanité. Rembrandt eut la folie de l'argent. Cette folie, qui n'eut d'abord que des airs de caprice et de bizarrerie, devint peu à peu sombre et sérieuse.

Il riait lui-même de sa folie pour l'argent. Il ne se fâchait pas quand d'autres en riaient. Ainsi on raconte que ses élèves ont peint des pièces de monnaie sur des cartes répandues, comme par mégarde, dans l'atelier. Rembrandt s'y laissait prendre, et tendait la main avec une avidité comique et furieuse. Cependant, pour assouvir sa passion, il perdait toute noblesse : il avait un fils; il l'obligeait à vendre ses estampes comme s'il les lui eût dérobées; il le condamnait à aller dans les ventes publiques surenchérir sur ses tableaux : singulière et triste éducation du fils d'un homme de génie! Il jouait, comme Teniers, comme beaucoup d'autres, la comédie de la mort pour ranimer le zèle des amateurs, ou bien il simulait un long voyage : il parlait de s'exiler aux Grandes-Indes, ou bien encore il changeait quelques traits à une gravure pour la vendre à ceux qui déjà l'avaient achetée. Ainsi vivait cet homme si original et si fort, le vrai roi de la Hollande, comme Rubens est le vrai roi de la Flandre.

On a quelque peine à se représenter un pareil génie perdu, pour ainsi dire, dans une mine d'or, vivant dans son intérieur et étranger aux joies de l'intérieur. Van Dyck demandait la fortune à l'alchimie, Rembrandt demandait l'or à l'or lui-même. Ironie de l'esprit souverain qui avait laissé tomber sur eux un rayon de sa gloire! Dans la vie de chaque grand artiste on pourrait trouver l'amour de l'or. Zeuxis ne faisait-il pas payer tous les curieux qui venaient voir la fameuse Hélène?

Chez Rembrandt, le style, c'est l'homme. La pensée de Buffon s'appliquerait plus volontiers aux peintres qu'aux poëtes. Il y a dans la tête de Rembrandt quelque chose de sombre et de lumineux, d'abrupt et de fier, de naïf et de dédaigneux, une ligne douteuse, mais une couleur splendide. Il est étoffé comme son talent; il aime les chaînes d'or, les pendants d'oreilles, les pierres précieuses, les dentelles et les guipures, le velours et la soie, tout ce qui séduit les yeux. Il s'est le plus souvent coiffé d'une toque de velours qui répand l'ombre sur son front : cette ombre, c'est la pensée. Il portait ses moustaches un peu sauvages et ses cheveux bouclés, laissant à la nature tous ses droits, comme dans ses tableaux.

Rembrandt est l'une des plus robustes individualités qui aient passé dans le monde des arts. Si la peinture n'eût été découverte, il l'aurait inventée. Venu après la période des chefs-d'œuvre italiens et flamands, un homme moins fort se fût contenté d'expliquer, pour ainsi dire, quelque maître connu. Il voulut à son tour posséder la clef d'or du génie. La vérité fut sa religion, la lumière sa poésie. Il fut vrai et rayonnant.

On peut admirer Rembrandt dans tous les musées d'Europe; mais c'est à la Haye et à Amsterdam qu'il faut aller saluer son génie. La *Leçon d'anatomie* et la *Ronde de nuit* sont l'expression la plus vive et la plus éloquente de ses deux manières. A vingt-cinq ans il peignit la *Leçon d'anatomie* avec la science, la sobriété, la précision, la touche cachée d'un maître qui n'a plus rien à apprendre de l'art. C'est un chef-d'œuvre dont nul détail ne trahit une main de vingt-cinq ans. Plus de douze ans après, le jeune homme s'était fait homme, il peignit la *Ronde de nuit*. Alors il déploya toute la fougue, toute la témérité, toute l'exubérance de la jeunesse. Il rebroussa chemin à l'âge où tant d'autres continuent à marcher devant eux. Il ressaisit sa jeunesse et la jeta tout étincelante, pleine de vie féconde, audacieuse comme un lion qui secoue sa crinière.

Rembrandt est un poëte sombre, étrange, hardi, bizarre, romanesque. Il joue ses drames sur un fond noir; il aime le mystérieux jusqu'à la fantasmagorie. C'est un poëte né de son temps, comme Shakspeare. Il aime mieux les hardiesses insensées que les beautés connues. La vie tombait de sa palette comme le blé sous la faux, comme l'eau jaillit du rocher, comme la lumière ruisselle du soleil. Il prenait la nature corps à corps et luttait avec elle en intrépide. Il osait être trivial, presque monstrueux. La poésie est partout pour le poëte. Il ne reculait devant aucune laideur vivante; mais sous sa main féconde tout prenait une expression fantasque et grandiose. Oui, celui-là a son idéal et son style dans le monde de l'art. Il est vrai de point en point, mais avec un accent éloquent. Oui, il a son idéal familier, visible dans le caractère formidable de sa peinture, dans la profondeur pensive de ses têtes, dans la bizarrerie de ses ajustements, qui ne sont d'aucun temps ni d'aucun pays, dans ses effets de clair-obscur, dans sa touche magistrale couronnée de chaudes vapeurs d'or et d'argent, dans sa manière hardie de distribuer l'ombre et la lumière. Winckelmann, qui pleurait d'admiration devant l'*Apollon du Belvédère*, demeurait rêveur tout un jour devant un tableau de Rembrandt.

VIII

WOUVERMANS — VAN DER MEULEN — CUYP — KAREL DUJARDIN
WEENINX
BERGHEM — PAUL POTTER — RUYSDAEL

On n'entend pas dans les *Haltes* de Wouvermans, comme dans celles de Salvator Rosa, de Bamboche et de Bourguignon, le hennissement des cavales impatientes; mais, sans prendre le mors aux dents comme ces rares artistes, il galope avec élan vers les hardiesses de l'art, qui sont les étapes du génie.

Antoine Van der Meulen, quoique né à Bruxelles, appartient au siècle de Louis XIV, dont il fut le compagnon de guerre. Non-seulement il est Français pour l'art, mais aussi pour l'histoire. Ses tableaux sont des bulletins de la grande armée de Louis XIV.

Albert Cuyp, comme Bamboche, vit un nouveau venu lui enlever la palme avec moins de génie. Ce nouveau venu, c'est Paul Potter. Ce n'est pas l'amour du paradoxe qui nous pousse à dire cela, c'est l'amour de la vérité. En effet, Cuyp est plus varié, moins servile et plus vrai que Potter : il a plus de relief et de chaleur. Nous aimons beaucoup la naïveté toute printanière de celui-ci, mais nous aimons beaucoup aussi le style de celui-là. Chez Cuyp, l'art n'est pas caché par la nature; chez Potter, c'est la nature, mais est-ce encore l'art dans toute sa liberté?

La touche de Karel Dujardin était vive, légère et spirituelle, comme celle de Berghem, son maître; mais elle était plus large et plus lumineuse. L'œil est souvent ébloui devant ses *après-midi*, qui gardent quelque chose du soleil et du ciel italiens. Plusieurs de ses paysages, par le jeu de l'ombre et de la lumière, sont tout petillants, comme s'ils étaient dorés par un vif rayon. Il n'est d'ailleurs ni abondant ni riche dans sa composition; mais tout ce qu'il crée a un air de joyeuse santé. Il saisit la vérité par son caractère, soit dans le paysage, soit dans les animaux. Ses vaches répandent bien l'odeur du lait, de l'étable et de l'herbe foulée.

Dans quel genre placer Weeninx, qui était peintre d'histoire, de portraits, de paysages, qui peignait l'architecture comme de Witte, la scène familière comme Metzu?

Berghem était un homme d'imagination, comme Ruysdaël était un homme de sentiment; mais

8

l'imagination, qui fait presque toujours son charme, égare quelquefois son talent. Il a eu le tort de vouloir ennoblir la nature des animaux par la grâce plutôt que par la force. Un de ses admirateurs l'appelle avec enthousiasme l'Albane des vaches; selon nous, c'est une grande injure, d'abord parce que l'Albane est un mauvais peintre, qui a toujours cherché la grâce sans la saisir; ensuite parce que, les vaches ne posant pas et ne visant pas aux belles manières, il faut se contenter de les peindre comme elles sont.

Berghem arrangeait la nature; Ruysdaël la reproduisait fidèlement, mais il attendait l'heure poétique; Potter seul copiait avec une pieuse exactitude, quelle que fût l'heure. Berghem, homme d'imagination et de fantaisie, considérait un peu la nature comme un théâtre pour les créations : aussi dans ses paysages la figure domine la nature; la figure vous frappe de prime abord; il y a presque toujours un tableau de genre sur le premier plan, une scène d'ailleurs en harmonie avec le paysage : ainsi une rencontre de charbonniers, le passage d'un gué, un déjeuner de bûcherons. Ruysdaël, plus épris de la nature, se contente d'en montrer les joies intimes, les accidents, la fécondité, les désastres, les beautés pittoresques; il fait couler la séve, il fait fleurir l'herbe, il agite les arbres, il les casse ou les renverse, il révèle le mystère des bois. Le premier est un poëte charmant plein d'entrain et de gaieté, dont la verve vous surprend et vous retient au point de départ; le second est un rêveur qui vous entraîne dans le silence de la solitude, au fond des forêts, au bord de l'eau, sur la roche déserte. Paul Potter n'est ni poëte ni rêveur, c'est un peintre naïf. La nature, pour lui, n'est pas un harmonieux théâtre; il ne veut pas y rêver : peintre avant tout, il veut lutter avec elle par la vérité extérieure.

Ainsi on voit qu'en même temps, dans le même pays, dominaient les trois caractères du paysage hollandais. Après Paul Potter, Berghem et Ruysdaël, après Hobbéma, qui égale ces trois maîtres, cet art de peindre avec vérité, fantaisie ou sentiment, l'œuvre de Dieu, dégénère et expire bientôt. Quelques paysagistes rappellent encore tour à tour ces peintres illustres, jusqu'au jour où Van Huysum réduit l'art hollandais à un coquelicot. Le naturalisme, né dans les fonds verts et bleus de Jean Van Eyck et d'Albert Van Ouwater, va expirer dans un bouquet de Van Huysum.

FIN.

TABLE DES GRAVURES

0

PROSPECTUS

Les tableaux des Peintres flamands et hollandais ont une célébrité trop notoire pour qu'il soit utile de faire ressortir le mérite de ces œuvres. Aussi est-ce une bonne fortune pour tous ceux qui ont l'amour de l'art lorsqu'il paraît une publication dont le but est de reproduire, répandre et populariser les chefs-d'œuvre des grands Maîtres.

L'un des inconvénients qui accompagnent ordinairement ces sortes de publications, c'est l'élévation souvent exagérée et presque toujours inévitable de leur prix. Comptant, à juste titre, sur un placement considérable et voulant répandre à grand nombre, dans l'intérêt de l'art, la collection importante que nous publions, nous avons réduit la valeur de nos livraisons à un prix tout à fait inusité. On pourra donc, en ne déboursant que de très-faibles sommes à la fois, se trouver possesseur d'un ouvrage ayant un mérite incontestable et qu'il n'eût été possible de se procurer, en tout autre temps, qu'en dépensant une somme trois fois plus élevée.

Les noms de REMBRANDT, TÉNIERS, VAN OSTADE, RUYSDAEL, PAUL POTTER, ALBERT DURER, WOUWERMANS, BREUGHEL, VANLOO, WYNANTS, CUYP, POURBUS, VAN HUYSUM, RUBENS, HOLBEIN, METZU, WEENINX, VAN EYCK, BEGA, OTTO VENIUS, GÉRARD DOW, JORDAENS, BERGHEM, P. BRIL, HOBBEMA, EECKHOUT, SCHUT, SNEYDERS, BRACKENBURG, PERCELLIS, H. ROOS, VAN DER VELDE, VAN DYCK, etc., etc., dont il figure des Œuvres capitales dans la collection, sont une garantie suffisante de l'importance de cette publication.

CONDITIONS DE LA SOUSCRIPTION

La GALERIE FLAMANDE et HOLLANDAISE contiendra 152 planches gravées, tirées sur papier de Chine, et 8 feuilles de texte in-folio.
L'ouvrage sera publié en 70 livraisons.
Chaque livraison contiendra 2 planches gravées, ou bien une seule planche gravée jointe à une feuille de texte.
Il paraît une livraison par semaine.

PRIX DE LA LIVRAISON : 1 FRANC 50 CENTIMES

En souscrivant à l'avance, et en envoyant le prix de 10 livraisons (15 FRANCS), on recevra ces livraisons FRANCO à domicile DANS TOUTE LA FRANCE, *sans augmentation de prix.*

Les Souscripteurs de Paris recevront les livraisons au fur et à mesure de leur mise en vente.

Les Souscripteurs des départements recevront, en un seul envoi, les livraisons parues dans le mois; le tout parviendra *franco* par la poste et soigneusement emballé entre deux cartons.

EN ENVOYANT 100 FRANCS, non-seulement on recevra *franco* toute la Collection, mais encore on aura joui ainsi d'une réduction de 5 pour cent.

Les Mandats doivent être envoyés *franco* et souscrits à l'ordre de M. JAY, caissier de l'Administration, rue d'Enfer, 53, à Paris.

PARIS. — IMPRIMERIE SIMON RAÇON ET COMP., RUE D'ERFURTH, 1.